Die Kolonisation der Griechen vom 8. bis 6. Jahrhundert v. Chr.

Die Arbeit mit einer Geschichtskarte

Arbeitsschritte **Auswertung einer Geschichtskarte**

1. Schritt:
Das Thema einer Karte ermitteln
In der Regel haben Karten eine Überschrift, die das Thema der Karte angibt. Die Überschrift enthält fast immer eine Angabe über den dargestellten Zeitpunkt oder Zeitraum. Manche Karten zeigen zum Beispiel, wie die Landschaft ausgesehen hat, andere geben Auskunft über Städtegründungen, die Landwirtschaft oder die Bevölkerung eines Gebietes. Wenn du dich über das Thema und die Zeitangabe orientiert hast, stellst du eine Frage, die du mit der Karte beantworten möchtest. Zum Beispiel: Wie haben die Griechen in dieser Landschaft gelebt?

2. Schritt:
Die Kartenlegende deuten
In der Kartenlegende werden alle Farben, Schattierungen und Zeichen erklärt, die auf der Karte zu sehen sind. Kartenlegenden sind nicht immer gleich ausführlich. Einige erklären sämtliche Kartenelemente, andere nur die Besonderheiten der gerade abgebildeten Karte.

3. Schritt:
Den Maßstab feststellen
Wichtig für den Umgang mit Karten ist eine genaue Vorstellung von den dargestellten Entfernungen. Hier hilft die Maßstabsleiste weiter. Mit diesem Kartenelement kannst du zum Beispiel ermitteln, wie groß die Entfernung zwischen zwei Städten ist. Bei Geschichtskarten ist der Maßstab oft in Form einer Entfernungsleiste mit Kilometerangaben dargestellt.

4. Schritt:
Die Aussagen der Karte zusammenfassen
Beschreibe die Zeichen und die Farbgebung der Karte. Damit erhältst du eine Vorstellung von den Bedingungen in dem abgebildeten Gebiet. Überlege, wie die Geschichtskarte deine Frage aus dem 1. Schritt beantwortet. In unserem Beispiel kannst du Aussagen über die Wohnmöglichkeiten und Verkehrsverbindungen in Griechenland machen.

5. Schritt:
Weitere Informationen beschaffen
Am Ende der Kartenarbeit solltest du kritisch prüfen, ob deine Frage ausreichend beantwortet ist. Um beispielsweise genaueres Wissen über das Leben in der griechischen Landschaft zu erhalten kannst du dich in Reiseführern aus deiner Stadtbibliothek und im Internet informieren.

Forum Geschichte

Ausgabe Hessen

Band 1:

Von der Urgeschichte

bis zum antiken

Griechenland

Cornelsen

Forum Geschichte

Ausgabe Hessen

Band 1: Von der Urgeschichte bis zum antiken Griechenland

Herausgegeben von Hans-Otto Regenhardt

Band 1 wurde erarbeitet von
Frank Bärenbrinker
Markus Bente
Franz Hofmeier
Christoph Jakubowski
Hans-Otto Regenhardt
unter Mitarbeit der Verlagsredaktion

Fachwissenschaftliche Beratung
Prof. Dr. Hans-W. Fischer-Elfert
Prof. Dr. Ludwig Reisch
Prof. Dr. Winfried Schmitz
Miriam Sénécheau M. A.

Verlagsredaktion: Birgit Hackfeld
Umschlaggestaltung: klein & halm Grafikgesign, Berlin
Layout und technische Umsetzung: László Szirmai
Grafiken und Karten: Thomas Binder, Carlos Borrell, Jochen Gebauer-Dieterle

www.cornelsen.de

1. Auflage, 1. Druck 2006

Alle Drucke dieser Auflage sind inhaltlich unverändert und können
im Unterricht nebeneinander verwendet werden.

Druck: CS-Druck CornelsenStürtz, Berlin

ISBN-13: 978-06-064498-8
ISBN-10: 3-06-064498-5

Inhalt gedruckt auf säurefreiem Papier, umweltschonend
hergestellt aus chlorfrei gebleichten Faserstoffen.

Inhaltsverzeichnis

3. Das antike Griechenland 76–129

So arbeitest du mit diesem Buch

Liebe Schülerin, lieber Schüler!

Vor dir liegt das Buch **Forum Geschichte**, mit dem du in deinem neuen Fach Geschichte arbeiten wirst. Die Verfasserinnen und Verfasser des Buches haben für dich Texte, Bilder, Karten, Schaubilder und Tabellen zusammengestellt. Sie alle geben Auskunft darüber, was Menschen vor langer Zeit bewegt hat und womit sie sich heute noch beschäftigen.

Auftaktseiten

Jedes Kapitel beginnt mit einer Auftaktdoppelseite. Bilder und ein kurzer Text geben dir eine erste Vorstellung von den Themen und Fragen, um die es in den nächsten Geschichtsstunden gehen wird.

Themenseiten

Nach den Auftaktseiten folgen in jedem Kapitel die Themenseiten. Sie bilden den Kern des Kapitels. Zwei bis vier Seiten sind jeweils zu einer Themeneinheit zusammengefasst. In den Themeneinheiten kannst du immer ein wichtiges Problem aus der Geschichte erarbeiten. Dazu findest du **Materialien** wie schriftliche Quellen, Bilder, Karten, Schaubilder und Tabellen, die du mithilfe von **Arbeitsaufträgen** befragst und auswertest.

M1
M1
M1
M1

Alle **Textquellen** sind in blauer Schrift abgedruckt, ihre Materialpunkte haben unterschiedliche Farben: Gelb für Quellen aus vergangener Zeit und für Äußerungen von heutigen Zeitzeugen, rot für Darstellungen von heutigen Wissenschaftlern und grün für Texte, die auf der Grundlage von historischen Quellen erfunden wurden. Alle übrigen Materialien haben einen blauen Punkt.

1
2

Die **Arbeitsaufträge** erkennst du an einer blauen Zahl. Wie die Materialien sind sie innerhalb einer Themeneinheit durchnummeriert. Die **Darstellungstexte** vermitteln dir den Überblick über das Thema. Sie geben dir außerdem einen roten Faden in die Hand, der dich durch die Arbeit mit den Materialien leitet.

Die **Kästen**, die mit einem aufgeschlagenen Buch gekennzeichnet sind, informieren dich über wichtige Personen, Begriffe oder Ereignisse.

Auf vielen Themenseiten findest du **Aktivitätskästen.** Hier schlagen dir die Verfasserinnen und Verfasser vor, wie du dich einmal auf ganz andere, abwechslungsreiche Weise mit einem geschichtlichen Thema beschäftigen kannst. Einen Aktivitätskasten erkennst du an dem roten Punkt mit der kleinen Figur.

Zu einigen Themen findest du einen **Lesetipp** für ein Buch oder eine Internetseite. Achte auf den blauen Punkt mit dem Bücherstapel.

Workshopseiten

In jedem Kapitel findest du Werkstattseiten und Methodenseiten.
Auf den **Methodenseiten** kannst du lernen, mit welchem „Handwerkszeug“ du aus den Materialien Erkenntnisse und Urteile gewinnst. Du findest hier Arbeitsschritte, mit deren Hilfe du zum Beispiel ein Bild, eine Karte oder eine schriftliche Quelle auswertest.
Auf den **Werkstattseiten** kannst du immer etwas selber machen. Du kannst unter anderem eine Hieroglyphen-Inschrift herstellen, eine Besichtigung planen oder ein Kartenspiel basteln.

Zusammenfassungen

Jedes Kapitel hat am Schluss eine Zusammenfassung. Ein kurzer **Text** fasst noch einmal das Wichtigste aus dem Kapitel zusammen. Auf Karteikarten stehen die Begriffe und Methoden, die du dir unbedingt merken solltest. Immer findest du ein Spiel oder ein Rätsel, mit dem du testen kannst, wie viel dir aus dem Kapitel in Erinnerung geblieben ist.
Vorschlag: Stelle dir deine eigene **Geschichtskartei** her, indem du die Begriffe auf Karteikarten überträgst. Auf die Rückseite schreibst du die Erklärung des Begriffs, die im Kasten auf der angegebenen Seite abgedruckt ist. Bei den Methoden solltest du die einzelnen Arbeitsschritte notieren. Ergänze deine Kartei nach jedem Kapitel.

Anhang

So kannst du dein Wissen überprüfen

Auf den ersten Seiten des Anhangs kannst du dein Wissen überprüfen und dich zum Beispiel auf eine Geschichtsarbeit vorbereiten. Zu jedem Kapitel findest du eine oder zwei Seiten, auf der du deine Kenntnisse wiederholen kannst.

Methoden Bd. 1

Die Methoden aus Band 1 sind im Anhang noch einmal zusammengefasst.

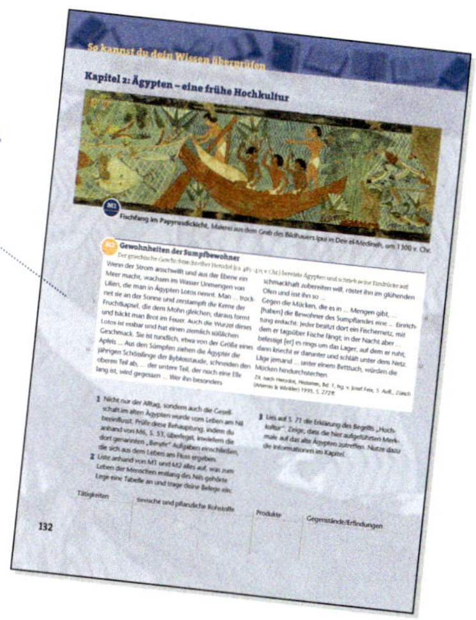

Lexikon

Auf den Themenseiten sind manche Wörter mit einem* gekennzeichnet. Diese Begriffe werden im Lexikon erklärt.

Register

Das alphabetische Register am Ende des Buches hilft dir, Informationen über Personen, Ereignisse und wichtige Begriffe im Buch schnell zu finden.
Damit du beim Lesen und Untersuchen Zusammenhänge schneller finden kannst, gibt es auf den Themenseiten und im Lexikon manchmal Querverweise.

1. Einführung in die Geschichte

Die Wissenschaftlerin beugt sich vorsichtig über die Fußspuren. Wieder und wieder sieht sie sich an, was sie mit ihren Kollegen und Kolleginnen in Laetoli in Ostafrika ausgegraben hat: Fußabdrücke in erkalteter Vulkanasche von Vorfahren des Menschen, die vor fast 4 Millionen Jahren gelebt haben! Wer war hier entlanggegangen?
Die Begegnung mit Spuren und Überresten von Leben, das vor uns stattgefunden hat, macht uns neugierig und wir wollen möglichst viel darüber erfahren:
Woher kamen eigentlich die ersten Menschen? Wie sahen sie aus? Wie haben die Menschen in früheren Zeiten zusammengelebt? Hatten sie Werkzeuge? Welche Techniken kannten sie? Wie sind sie mit der Natur und ihrer Umwelt umgegangen?

1 Tragt zusammen, was ihr über die Geschichte der Menschen schon einmal gehört habt.
2 Auf der rechten Seite sind Abbildungen von Werkzeugen aus verschiedenen Zeitaltern zu sehen. Beschreibt die Abbildungen und findet heraus, wie die kleinen Bilder mit dem großen Bild zusammenhängen.

INTERNET
WWW

Unseren Vorfahren auf der Spur

M1 **Unterricht in einer Dorfschule 1848,** Gemälde von Albert Anker, 1896

Geschichte und ihre Quellen

Die Überlieferungen, aus denen wir historische Erkenntnisse gewinnen, werden „historische Quellen" oder kurz „Quellen" genannt. Dies können Überreste wie zum Beispiel Gemälde, Fotos oder Urkunden sein, aber auch mündliche Überlieferungen wie zum Beispiel die Erinnerungen von Klaras Großvater.
Wir sind überall von Quellen umgeben, nicht nur im Gespräch mit älteren Menschen oder im Museum. Rathäuser, Denkmäler, Familienfotos – alle diese Quellen sind Spuren aus der Vergangenheit.
Allerdings „verraten" uns Quellen nur dann etwas, wenn wir Fragen an sie stellen: Was „sagen" uns zum Beispiel die Materialien M1 bis M4 über Kinder in den vergangenen 150 Jahren?
Ohne Quellen gibt es kein sicheres Wissen über die Geschichte. Doch auch bei der Arbeit mit Quellen müssen wir wie ein Detektiv ständig auf der Hut sein. Zum einen, weil jede Quelle nur einen Ausschnitt aus der Vergangenheit vermittelt; das Foto M4 sagt uns nicht, wie der Junge und der Mann wohnten. Zum Zweiten, weil Quellen unterschiedliche Zeitpunkte beleuchten: Das Gemälde M1 sagt etwas über Schule vor über hundertfünfzig Jahren, während die Erlebnisse von Klaras Großvater nur etwa fünfzig Jahre zurückliegen.

M2 **Puppenküche,** erbaut um 1890

Begegnungen mit der Geschichte

Geschichte – ein Streitgespräch

„Hey, Klara, schau mal, das alte Bild da vorne mit der Schulklasse!", sagt der zwölfjährige Selim zu seiner Mitschülerin und macht schnell ein Foto. „Scheint ja damals ein strenger Unterricht gewesen zu sein."
Klara interessiert das Schulmuseum, das sie heute mit der Klasse besuchen, überhaupt nicht. Auch geht ihr Selim mit seinem Fotografieren auf die Nerven. „Mein Großvater hat mir etwas ganz anderes erzählt", erwidert sie. „Er und sein Freund hätten den Lehrern immer Streiche gespielt und viele Hausaufgaben hätte es auch nicht gegeben. Außerdem, sagt mein Großvater, wäre er meist von jungen Lehrerinnen unterrichtet worden – und nicht von solchen alten Opas wie da auf dem Bild."
Klara und Selim können sich über ihre Ansichten zum Schulunterricht in früheren Zeiten nicht einigen. Wieder zurück in der Schule, diskutieren sie ihre Fragen in der Klasse. Sie kommen überein, dass sie sich nach dem Museumsbesuch ein Buch besorgen werden, in dem Geschichtsforscherinnen und -forscher Genaueres über die Geschichte der Schule geschrieben haben. Forscher, so erklärt die Geschichtslehrerin, suchen, sammeln und werten viele Quellen aus, bevor sie ihre Ergebnisse niederschreiben.

M3 Lebenserinnerungen

Eine Bergmannsfrau erzählt im Jahr 1988 über die Zeit um 1930:

Früher hatten wir ja noch keine Teppiche. Bis weit nach dem Ersten Weltkrieg waren noch die schneeweißen Holzfußböden mit Schmierseife blank zu scheuern. Die mussten jeden Tag gescheuert werden. Unsere Mama hat jeden Tag, meistens abends nach dem Abendbrot, auf den Knien gelegen und immer stückweise den Boden in der Wohnküche geputzt und gescheuert, mit der Scheuerbürste.

Jutta de Jong (Hg.), Kinder, Küche, Kohle – und viel mehr!, Essen (Klartext) 1991, S. 230.

M4 **Ein Junge hilft beim Pflügen,** Foto, um 1900

1 Kläre mithilfe des Begriffskastens unten auf dieser Seite, wie du Erkenntnisse über die Vergangenheit gewinnen kannst.

2 Lege eine Tabelle mit vier Spalten an: Gegenstand/Gemälde/Foto/mündliche Quelle. Ordne jetzt M1 bis M4 jeder Spalte richtig zu.

3 Zeichne einen Zeitstrahl nach dem Muster M5 in dein Geschichtsheft und trage die Quellen M1 bis M4 zeitlich richtig ein. Notiere zu jeder Quelle in Stichworten, was du zum Leben von Kindern in den letzten 150 Jahren erfahren kannst.

4 Sammle Quellen zu einem Thema, das dich interessiert, z. B. die Geschichte der Verkehrsmittel (Eisenbahn, Auto) oder der Mode (Kleidung, Möbel). Schreibe auf, welche Erkenntnisse dir deine Materialien liefern. Bleiben Fragen offen?

M5 Zeitstrahl

Quellen: Überreste – Traditionen

Geschichtliche (= historische) Quellen sind Überlieferungen, aus denen wir Kenntnisse über das Vergangene gewinnen können. Es gibt verschiedene Arten von Quellen:

- Überreste, z. B. Gebäude, Schmuck, Werkzeuge
- schriftliche Quellen, z. B. Urkunden, Akten, Briefe, Großmutters Kochbuch
- mündliche Quellen, z. B. erzählte Lebenserinnerungen, Sagen, Volkslieder
- Bildquellen, z. B. Gemälde, Zeichnungen, Fotos, Filme, Videos, CD-ROM
- Traditionen, z. B. religiöse Feste, Volksfeste, Bräuche

Familiengeschichte erforschen

a) Frage zu Hause nach alten Fotos, Urkunden, Familienstammbüchern und alten Gegenständen. Notiere wichtige Ereignisse und Jahreszahlen.
b) Bitte deine Eltern, Großeltern oder Freunde der Eltern, dass sie dir etwas aus der Zeit erzählen, als sie in deinem Alter waren.
c) Ordne das Material und gestalte daraus eine Familiengeschichte: Schreibe Texte, male Bilder und fertige Fotokopien von Fotos usw. an.

Unseren Vorfahren auf der Spur

M1 **Freilegung eines Grabes aus der Vorgeschichte,** Foto, 1997

M2 **Funde antiker Gefäße,** Foto, 1998

„Früher" – wann war das?

Jahreszahlen und Epochen in der Geschichte

Wer sich mit der Geschichte beschäftigt, muss das, was „früher" war, genau ordnen. Die wichtigsten Ordnungshilfen sind Jahreszahlen und Epochen.
Im christlichen Europa stellt die Geburt von Jesus Christus den Festpunkt dar, von dem aus gezählt wird: Wir rechnen in Jahren „vor Christi Geburt" (v. Chr.) und „nach Christi Geburt" (n. Chr.). Andere Kulturen* haben andere Festpunkte. Der jüdische Kalender beginnt mit der Weltschöpfung, die er in das Jahr 3761 v. Chr. legt. Im Islam beginnt die Zeitrechnung mit der Flucht Mohammeds aus Mekka 622 n. Chr.
Auf der Grundlage des christlichen Zählsystems haben die Forscher die Geschichte in vier große Epochen eingeteilt: Vorgeschichte, Antike, Mittelalter, Neuzeit. Die Millionen Jahre bis zum Auftauchen erster schriftlicher Zeugnisse – in Ägypten zum Beispiel um 3000 v. Chr – nennen wir „Vor"-geschichte. Die Vorgeschichtsforschung stützt sich vor allem auf Bodenfunde wie Grabanlagen, Siedlungen und Höhlen.

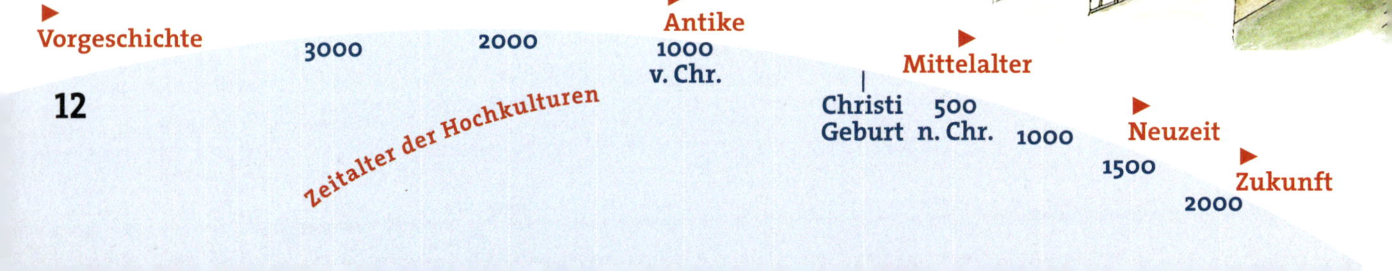

M3 **Blick in eine mittelalterliche Küche,** Miniaturmalerei, um 1390

M4 **Arbeit in einer Maschinenbaufabrik,** Stahlstich, 1849

M6 **Blick auf eine moderne Stadt,** Zeichnung, 1999

M5 **Entwurf des neuen Dortmunder Hauptbahnhofs,** Computerzeichnung, 1998

1 Beschreibe M1 bis M6 und ordne die Abbildungen den verschiedenen Zeitaltern im Zeitbogen S. 12 unten zu. Übertrage deine Ergebnisse mit dem Zeitbogen in dein Geschichtsheft.

2 Stelle in einer Tabelle zusammen, welche Erkenntnisse sich aus den historischen Quellen M1, M2, M3 und M4 gewinnen lassen.

3 Suche in deinem Wohnort nach Überresten (z. B. Gebäude, Stadtmauer, Inschriften, Denkmäler). Stelle deren Alter fest und ordne sie den Zeitaltern zu (siehe Zeitbogen). Hilfe kannst du beim Museum und beim Stadtarchiv finden.

Vom Ursprung der Menschen – Mythen und Funde

Die Suche nach Adam und Eva

M1 **„Das Paradies"**, Gemälde von Lucas Cranach dem Älteren, um 1530

Woher kommen die Menschen?

Irina, Cemal, Julian und Hannah diskutieren über die Frage der Entstehung der Menschen:

Irina: Die Menschen wurden von Gott erschaffen, zuerst Adam und dann Eva. Die Schöpfung der Erde hat sieben Tage gedauert. Das steht so in der Bibel.

Cemal: Also, die alten Griechen erklärten sich die Sache anders: Der Gott Prometheus schuf gegen den Willen des obersten Gottes Zeus die Menschen aus Lehm. Später brachte er ihnen das Feuer.

Julian: Das sind doch nur Erzählungen! Die Menschen stammen vom Affen ab. Das sieht man doch: Wenn Affen wollen, können sie aufrecht gehen – wie wir.

Hannah: Nein, gestern gab es eine Fernsehsendung darüber. Unsere Vorfahren waren menschenaffenartige Tiere, von denen sich ein Teil zu Menschen entwickelte und ein anderer Teil zu modernen Menschenaffen, also zu Gorillas, Orang-Utans und Schimpansen. Das war vor vielen Millionen Jahren.

M2 Erschaffung des Menschen in der Bibel

In der Schöpfungsgeschichte der Bibel (1. Buch Mose, Kap. 1 und 2) heißt es:

Am Anfang schuf Gott Himmel und Erde. Und die Erde war wüst und leer und es war finster auf der Tiefe; und der Geist Gottes schwebte auf dem Wasser …
Und alle die Sträucher auf dem Felde waren noch nicht auf Erden und all das Kraut auf dem Felde war noch nicht gewachsen; denn Gott der Herr hatte noch nicht regnen lassen auf Erden und kein Mensch war da, der das Land bebaute; aber ein Nebel stieg auf von der Erde und feuchtete alles Land. Da machte Gott der Herr den Menschen aus Erde vom Acker und blies ihm den Odem [Hauch] des Lebens in seine Nase. Und so ward der Mensch ein lebendiges Wesen.

Württembergische Bibelanstalt (Hg.), Die Bibel, Stuttgart 1965.

Schöpfung

In vielen Religionen (Christentum, Judentum, Islam, Naturreligionen) gibt es Schöpfungsgeschichten, die versuchen die Entstehung der Erde und des Menschen zu erklären. Meistens ist die Schöpfung das Werk eines Gottes, der wie ein Handwerker (z. B. Töpfer oder Schmied) die Erde und die Lebewesen formt oder die Entstehung der Erde durch seine Worte bewirkt („Es werde Licht").

1. Lies dir die Diskussion (siehe links) zwischen Irina, Cemal, Julian und Hannah durch. Stelle fest, wie sie den Ursprung der Menschen erklären und vergleiche die Meinungen.
2. Nimm zu den Auffassungen Stellung. Ziehe deine eigenen Kenntnisse über den Ursprung der Menschen mit heran.
3. Beschreibe anhand von M2, wie der Ursprung der Menschen in der christlichen Schöpfungsgeschichte erklärt wird.
4. Kläre den Begriff „Schöpfung" (siehe Kasten). Gib die Bedeutung des Begriffs mit eigenen Worten wieder.
5. Informiere dich in einer Bibel genauer, wie dort die Entstehung des Lebens auf der Erde erklärt wird (1. Buch Mose).

Mythos und Wissenschaft

Menschen haben immer wieder über die Entstehung der Welt und ihre eigene Herkunft nachgedacht. Darüber sind aus verschiedenen Kulturen und Religionen viele Geschichten überliefert, die „Mythen“ genannt werden. Mythen werden von Generation zu Generation mündlich weitergegeben. Sie erzählen zum Beispiel von der Entstehung der Welt, von Göttern und ihrer Macht, ihren Taten und Schöpfungen.
Aus der Sicht der Wissenschaft werden Mythen als „Geschichten“ betrachtet, die nicht beweisbar sind. Für die Menschen in der Geschichte hatten sie aber durchaus große Bedeutung. Mit ihrer Hilfe konnten sie sich die Welt besser erklären und waren sich sicher von bestimmten Göttern beschützt zu werden.
Bei der Suche nach Erklärungen für die Entstehung der Menschen wurden Mythen immer mehr durch wissenschaftliche Erklärungen verdrängt, die auf historischen Quellen beruhen. Mehr darüber steht auf den Seiten 16 bis 25.

M3 **„Der Prometheus-Mythos“**, Teil eines Gemäldezyklus von Piero di Cosimo, um 1510. Prometheus erschafft den ersten Menschen aus Lehm.

M4 Wie sich ein Indianervolk in Nordamerika die Schöpfung vorstellte

In einem Ausstellungskatalog (von 1997) finden wir den Schöpfungsmythos eines Indianervolkes:

Am Anfang saß der Schöpfer der Erde im leeren Raum. Als er merkte, dass nichts existierte, begann er zu weinen. Die Tränen rollten über seine Wangen und fielen vor seine Füße. Als er nach einer Weile nach unten blickte, sah er, dass sich aus seinen Tränen die Großen Seen gebildet hatten. Der Schöpfer sagte sich: So wie meine Tränen zu Seen geworden sind, reicht es aus, dass ich mir etwas wünsche. Dann wird es so, wie ich es mir denke.
Also wünschte er sich, dass es Licht werde. Er wünschte sich, dass die Erde sei. Und die Erde war da. Er betrachtete sie und fand sie schön … Der Schöpfer dachte: Da ja alles nach meinen Wünschen Form annimmt, werde ich ein Wesen nach meinem Ebenbild schaffen. Er nahm ein Stück Ton und formte es nach seinem Ebenbild. Er betrachtete es und sprach zu ihm. Aber es hatte weder Geist noch Sprache noch eine Seele. Der Schöpfer der Erde gab ihm all dies und sprach erneut zu ihm. Das Stück Ton antwortete ihm, aber er konnte es nicht verstehen. Also hauchte er in seinen Mund, sprach zu ihm und sein Ebenbild antwortete mit klaren Worten. So erschien der Mensch auf der Welt.

Bärbel Auffermann / Gerd-Christian Weniger, Zeitreise. Texte und Bilder aus dem Neanderthal-Museum, Mettmann (Neanderthal-Museum) 1997, S. 104 f.

6 Kläre den Begriff „Mythos“ anhand des Darstellungstextes.

7 Beschreibe die Entstehung des Menschen in M4. Vergleiche deine Ergebnisse mit M2.

8 Irina und Cemal (siehe S. 14) vertreten Meinungen über die Entstehung des Menschen, die du in M1 bis M3 wieder findest. Ordne die Meinungen den Materialien richtig zu.

9 Gibt es heute noch Dinge, die wir nicht erklären können (z. B. Krankheiten)?

Vom Ursprung der Menschen – Mythen und Funde

M1 **Die Leiche des Gletschermannes am Fundort**, Foto, 1991

Der Mann aus dem Eis – ein Fund

Die Entdeckung des Gletschermannes

„Das ist ein Mensch!", rief Frau Simon, als sie mit ihrem Mann am 19. September 1991 in einer Gletschersenke in den Ötztaler Alpen eine Leiche entdeckte. Auch die herbeigerufene Polizei glaubte an einen Unfall – vielleicht ein Bergsteiger, der vor einigen Jahrzehnten hier ums Leben gekommen war. Aber bei der Leiche lagen rätselhafte Dinge.

Als der Archäologe Konrad Spindler von der Universität Innsbruck die Leiche und die Fundstücke sah, war ihm sofort klar: Dies war kein verunglückter Bergsteiger, sondern ein Mann, der vor mindestens fünftausend Jahren gestorben war. Nach seinem Fundort in den Ötztaler Alpen wurde er in den Medien bald liebevoll „Ötzi" genannt.

Archäologe, Archäologin
Wissenschaftler, die nach Überresten graben und aus diesen Funden Kenntnisse gewinnen. Sie haben Spezialgebiete: Einige graben zur Vorgeschichte, andere zur Antike oder zum Mittelalter.

1 Beschreibe anhand von M1 und M2 Fundort, Aussehen und Zustand des Gletschermannes.

2 Notiere Fragen, die dir zu dem Fund einfallen.

M2 **Der Fundort in den Ötztaler Alpen**

M3 Aus Spuren Schlüsse ziehen

Archäologen gehen bei ihrer Arbeit ähnlich vor wie Detektive: Sie finden Spuren und müssen daraus Schlüsse ziehen. Bei Ötzi gingen sie folgendermaßen vor:

Spuren	Schlüsse
Kupferspuren an den Haaren	Tätigkeit als Schmelzer und Verarbeiter von Kupfer
zwei Getreidekörner in den Fellbüscheln der Kleidung, Reste von Weizen in einem der Birkenrindengefäße	Hinweise auf die Verwendung bestimmter Getreidearten; Aufenthalt in einer Siedlung
stark abgewetzte Zähne	hohes Alter; häufiges Kauen von Leder um es geschmeidig zu machen; unsauberes Mehl, zum Beispiel durch Sand, der in das gemahlene Mehl geriet
blaue Tätowierungen mit Holzkohle am Rücken, am Knie, an den Beinen, an Füßen und Knöcheln	Röntgenaufnahmen zeigen Abnutzungen und Erkrankungen der Gelenke. Die Tätowierungen könnten eine Art Behandlung gewesen sein, mit der die Schmerzen aus den Gelenken genommen werden sollten.

Zusammengestellt nach: Shelley Tanaka / Laurie McGaw, Die Welt des Gletschermanns, Hamburg (Carlsen) 1997, S. 16 und 20.

Fundstelle und Funde, Rekonstruktionszeichnung, 1999 M4

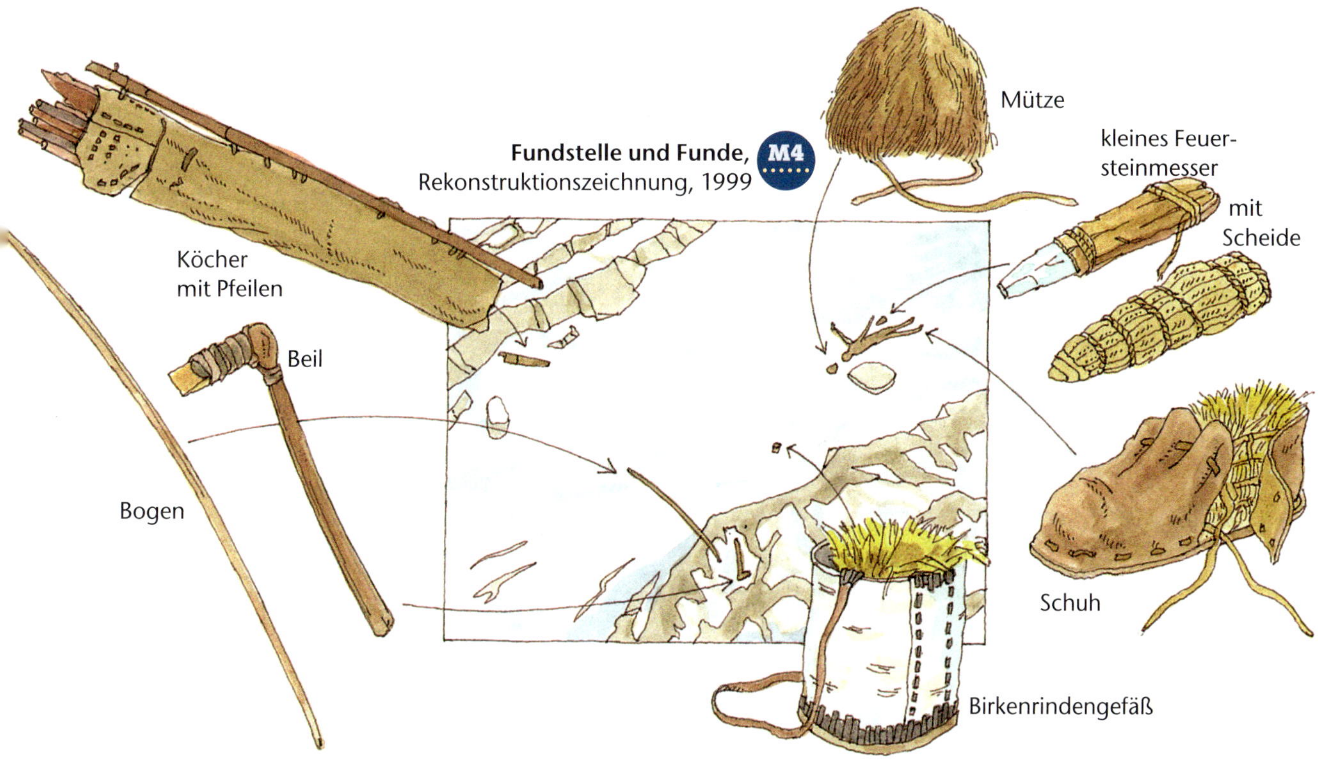

3 Beschreibe die Funde in M3 und stelle zusammen, welche Schlüsse sich daraus auf die Lebensweise des Mannes ziehen lassen. Ziehe deine Fragen aus Aufgabe 2 mit heran.

4 Ergänze deine Schlüsse zur Lebensweise des Gletschermannes aus Aufgabe 3 mit den Informationen aus M4.

Wer war Ötzi? – Vermutungen

Die Funde geben keine genaue Auskunft über den „Beruf" des Gletschermannes. Er könnte ein Hirte gewesen sein, aber auch ein Jäger oder ein Metallsucher. Vielleicht war er ein religiöser Führer, der zum Gebet auf den Berg stieg.
Möglicherweise war er nicht allein unterwegs. Begleiter könnten überlebt haben oder ebenfalls gestorben sein. Ihre Körper wurden vielleicht vom Gletscher zermahlen oder sie liegen noch im Eis. Der Gletschermann starb möglicherweise, als er seinen täglichen Geschäften nachging.

Lesetipp
Gudrun Sulzenbacher, Die Gletschermumie. Mit Ötzi auf Entdeckungsreise durch die Jungsteinzeit, 3. Aufl., Wien/Bozen (Folio) 2002.

Offizieller Name:	Jungneolithische Mumie aus dem Gletscher vom Hauslabjoch in den Ötztaler Alpen/Tirol (3200 m)
Alias:	Ötzi, Eismann, Frozen Fritz
Alter:	5196 bis 5296 Jahre
Todesalter:	ca. 45 Jahre
Größe (heute):	154 cm
Lebensgröße:	ca. 157 bis 161 cm
Gewicht (der Leiche):	13 kg
Lebensgewicht:	ca. 50 kg
Haare:	zurzeit ohne, früher dunkelbraun bis schwarz
Herkunft/Geburtsort:	vermutlich heutiges Südtirol
Aufenthaltsort:	seit 1998 Museum Landeshauptstadt Bozen, Südtirol
Beruf:	vermutlich Hirte oder Jäger
Todesursache:	Pfeilverletzung unter der linken Schulter
Besondere Kennzeichen:	Tätowierungen
Fahnder:	Wissenschaftler aus aller Welt
Letzte Nahrung:	Steinbock mit Getreide, wilden Früchten und Beeren

M5 **„Steckbrief" des Gletschermannes,** zusammengestellt nach dem Erkenntnisstand von 2003

5 Schreibe mithilfe des „Steckbriefs" M5 einen Bericht über den Gletschermann.
6 Begründe, warum bei dem Gletschermann von einem „Zufallsfund" gesprochen werden kann und warum er für die Wissenschaft von großer Bedeutung ist.
7 Vergleiche: Was unterscheidet den Darstellungstext „Wer war Ötzi?" von dem „Steckbrief" M5?
8 Der Gletschermann verabschiedet sich von seiner Familie zum Weg ins Gebirge. Schreibe eine Erzählung über das weitere Geschehen. Finde eine passende Überschrift.

Der Fund im Neandertal

Der „Neandertaler“

Am 9. September 1856 berichtete das „Barmer Bürgerblatt“ von einem geheimnisvollen Fund im Neandertal bei Mettmann in der Nähe von Düsseldorf. Im August 1856 hatten Steinbrucharbeiter in einer Höhle Skelettreste gefunden. Der Steinbruchbesitzer hielt sie für Knochen eines Höhlenbären. Aber der herbeigerufene Lehrer und Naturforscher Johann Carl Fuhlrott erkannte, dass es sich um menschliche Knochen handelte. Denn sie waren anders geformt als Tierknochen. Allerdings sah der Schädel nicht wie der eines „modernen“ Menschen aus: Er hatte kräftige Augenwülste und war flacher. Nach dem Fundort wurde dieser Menschentyp „Neandertaler“ genannt. Die entdeckten Knochen sind etwa 40 000 Jahre alt.

M1 Der Neandertalfund, Foto, 1996

Probleme der Forschung: Der Neandertaler – ein Mensch wie wir?

Der „Gletschermann“ ist einer unserer direkten Vorfahren. Er gehört wie wir zu den modernen Menschen, das heißt zur Gruppe der Jetztzeitmenschen. Aber wie ist das mit dem Neandertaler?
Seit 1997 Ergebnisse über eine Analyse des Erbgutes (= Genanalyse) aus dem Neandertalfund veröffentlicht wurden, steht fest: Der Neandertaler unterscheidet sich vom modernen Menschen genetisch so stark, dass er mit großer Wahrscheinlichkeit nicht unser Vorfahre war, sondern zu einer Menschenart gehörte, die vor etwa 30 000 Jahren ausgestorben ist.
Viele Fragen bleiben aber offen: Warum sind die Neandertaler ausgestorben? Hat der moderne Mensch sie verdrängt oder gar ausgerottet?

1. Beschreibe den Fund vom Neandertal in M1. Was spricht für ein menschenähnliches Skelett?
2. Lies die Darstellungstexte durch und zeige, wie sich unser Wissen über den Neandertaler in letzter Zeit verändert hat. Was bleibt ungeklärt?
3. Überlege, was die Rekonstruktion M2 über Aussehen und Lebensweise der Neandertaler aussagt.
4. Der Lehrer Fuhlrott und der Besitzer des Steinbruchs streiten über den Fund im Neandertal (siehe Darstellungstext). Spielt diese Szene.

M2 **Rekonstruktion einer Neandertalerin und eines Neandertalers,** Foto, 1998

Ausgrabung – Geschichtsforschung mit Maurerkelle und Computer

Archäologen bei der Arbeit

„Bau der Straßenbahntrasse zunächst gestoppt! Ausgrabungen haben Vorrang!“ So oder ähnlich lauten hin und wieder Schlagzeilen in den Tageszeitungen. Manchmal heißt es aber auch: „Archäologen kamen zu spät! Bagger war schneller!“
Immer geht es dabei um die Arbeit der „Archäologie“. Ursprünglich stand in dieser Wissenschaft die Erforschung der Antike im Vordergrund.

Heute suchen Archäologinnen und Archäologen auch nach Überresten aus der Vorgeschichte. An ihre Untersuchungsgegenstände gelangen sie vor allem durch Ausgrabungen.
Aber: Woher sollen sie wissen, an welchen Stellen Überreste verborgen sind? Häufig ergänzen sich zufällige Entdeckungen und systematisches, detektivisches Suchen.

Maurerkelle – ein Allzweckwerkzeug

Pinsel zum Säubern der Objekte

Notebook

Spitzhacke – ein wichtiges Grabwerkzeug

Senkblei

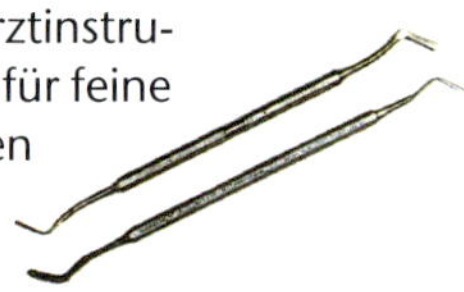

Zahnarztinstrumente für feine Arbeiten

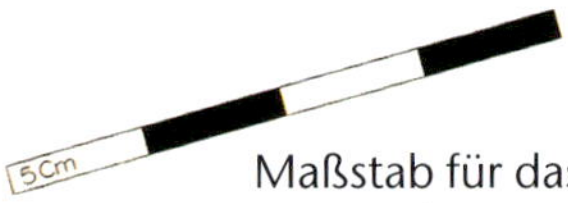

Maßstab für das Fotografieren kleiner Objekte

Digitalkamera

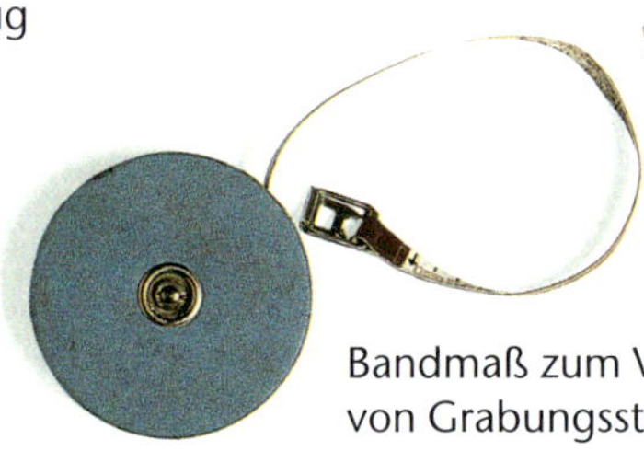

Bandmaß zum Vermessen von Grabungsstätten

Werkzeuge in der Archäologie **M1**

Archäologinnen und Archäologen bei einer Ausgrabung in der Osteifel, Foto, 1989 **M2**

1 Beschreibe den Fundplatz (M2) und die Tätigkeiten der Archäologen und Archäologinnen. Nimm M1 zu Hilfe.

Arbeitsschritte **Ausgrabung**

1. Schritt: Suchen und Finden
Zunächst muss die Fundstelle festgestellt und beschrieben werden. Häufig geben Zufallsfunde beim Haus- oder Straßenbau erste Hinweise. Eine Ausgrabung wird dann systematisch vorbereitet (Personal, Werkzeuge usw.).

2. Schritt: Graben
Die Durchführung der Ausgrabung muss sehr vorsichtig erfolgen: Grabungsgelände vermessen, Schicht für Schicht des Bodens abtragen, vermessen, fotografieren, genaue Lage von Gegenständen eintragen (Grabungstagebuch, Fundprotokoll führen).

3. Schritt: Auswerten
Beschreiben, Datieren, Funktion der Funde klären; eventuell Biologen, Geologen, Kunsthistoriker heranziehen.

4. Schritt: Bewahren, Ausstellen
Funde reinigen, restaurieren, ergänzen; für Besichtigung (Ausstellung) vorbereiten.

M3 **Luftbildarchäologie,** Luftaufnahme der Mauerreste der Hünenburg von Borchen, Kreis Paderborn, 1993. Bei tief stehender Sonne werfen sogar geringe Unebenheiten in der Landschaft deutlich erkennbare Schatten.

Archäologen wollen wie in der Eisenzeit leben

Experiment: Ein Winter ohne Seife und Heizung

Eindhoven. Für zwei lange Wintermonate wollen sich sieben Archäologen in die Eisenzeit zurückversetzen. Am 16. Januar werden sie für einen Monat in ein rekonstruiertes Bauernhaus ohne Strom, Heizung und Wasseranschluss auf dem Gelände des Prähistorischen Freilichtmuseums in Eindhoven einziehen ... Zwei Jahre lang ist die Zeitreise vorbereitet worden. Sie soll unter anderem die Frage beantworten, wie viele Kalorien ein Mensch in der Eisenzeit nötig hatte. In der Speisekammer des Hauses lagern bereits Säcke mit Korn, Bohnen, Erbsen und getrockneten Äpfeln. Außerdem sollen zwei Schafe geschlachtet werden ...
Tagsüber werden die Teilnehmer des Experiments nach essbaren Wurzeln graben, Brot backen und einen Baumstamm aushöhlen, um daraus ein Kanu zu bauen. Sobald es dunkel wird, werden sie sich im Haus um die Feuerstelle setzen.

Wetzlarer Neue Zeitung vom 23.12.1994. Zit. nach Geschichte lernen, Heft 53, Seelze (Friedrich) S. 18.

M4 **„Experimentelle Archäologie"** ist eine Möglichkeit etwas über das Leben von Menschen in früheren Kulturen herauszufinden. In einem Experiment wird überprüft, ob eine bestimmte Erklärung der Funde auch tatsächlich zutreffen kann.

2 Erläutere die Möglichkeiten der Luftbildarchäologie (M3).

3 Beschreibe, wie die Archäologen in M4 während ihrer „Zeitreise" leben wollen.

4 Überlege, ausgehend von M4, was Forscher durch ein archäologisches Experiment herausfinden könnten.

5 Sieh dir noch einmal M2, M3 und M4 an und benenne die unterschiedlichen Möglichkeiten der Archäologie. Bei welcher archäologischen „Aktion" würdest du gerne mitmachen?

6 Erkundigt euch bei der Stadt-(Gemeinde-)verwaltung oder im Museum nach Ausgrabungen und Funden in der Umgebung. Organisiert einen Besuch.

Der Junge vom Turkanasee

Millionen Jahre alten Menschen auf der Spur

Auf der Suche nach dem Ursprung des Menschen sind der „Gletschermann“ und der Neandertalfund mit 5200 und 40 000 Jahren recht „junge“ Funde. Einmal das vollständige Skelett eines Millionen Jahre alten Menschen zu finden, davon träumten z. B. die Archäologen Richard und Meave Leakey. Was wie ein spannendes Abenteuer aussieht, ist aber auch ein Stück harte Arbeit, denn die Archäologen und Archäologinnen müssen bei ihren Grabungsexpeditionen auf die Annehmlichkeiten eines bequemen Lebens verzichten. Weit entfernt von ihrem eigentlichen Arbeitsplatz mit einem gut ausgestatteten Labor suchen sie nach Überresten – immer auf der Suche nach einer Antwort auf die Frage: Auf welche Weise sind die Menschen zu dem geworden, was sie heute sind. Richard und Meave Leakey hatten Glück – 1984 in Kenia in Afrika …

M1 Der Fund am Turkanasee

Richard Leakey schrieb 1997 in seinem Buch „Die ersten Spuren“:

Im Spätsommer 1984 … erlebten meine Kollegen und ich, wie jener Traum [von der Entdeckung eines vollständigen Skeletts] allmählich Gestalt annahm … Am 23. August erspähte Kamoya Kimeu, mein ältester Freund und Kollege, ein kleines Fragment eines alten Schädels zwischen Kieseln auf einem Abhang in der Nähe der schmalen Rinne, die in der Regenzeit Wasser führte. Sorgfältig begannen wir mit der Suche nach weiteren Bruchstücken des Schädels und fanden bald mehr, als wir zu hoffen gewagt hatten … Wir entdeckten, was sich schließlich als das praktisch vollständige Skelett eines Individuums herausstellte, das am Ufer des alten Sees vor über 1,5 Millionen Jahren gestorben war. Von uns auf den Namen Turkana-Knabe getauft, war es zum Zeitpunkt des Todes knapp neun Jahre alt; die Ursache des Todes bleibt im Dunkeln … Noch nie war aus der Vorzeit des Neandertalers … etwas so Vollständiges wie dieses fossilierte[1] Skelett gefunden worden.

Richard Leakey, Die ersten Spuren, München (Bertelsmann) 1997, S. 12.

1 Fossil: versteinerter Überrest aus der Frühgeschichte der Pflanzen, Tiere und Menschen

M2 **Sortieren von Knochenfunden,** Foto, 1984. Meave Leakey mit Schädeln vom Homo sapiens und vom Schimpansen.

1. Berichte anhand von M1 über die Bedingungen, unter denen der Fund vom Turkanasee gemacht wurde.
2. Schlage in einem Atlas nach, wo der Turkanasee liegt. Beachte dabei, dass er früher Rudolfsee genannt wurde.
3. Begründe die Bedeutung des Fundes.

M3 Ein Vorgänger des modernen Menschen

Richard Leakey schrieb 1997 über die Einordnung des Turkanasee-Jungen in die Menschheitsgeschichte:

Der Turkana-Knabe gehörte zur Art Homo erectus[1] – einer Art, die in der Geschichte der menschlichen Evolution[2] eine entscheidende Rolle gespielt hat. Aufgrund von Belegen … wissen wir, dass sich die erste menschliche Art vor etwa sieben Millionen Jahren entwickelt hat. Als Homo erectus vor fast zwei Millionen Jahren die Bühne betrat, war die Vorgeschichte der Menschheit schon ziemlich weit gediehen. Die menschliche Vorgeschichte nahm vor zwei Millionen Jahren offenbar eine entscheidende Wendung. Homo erectus war die erste menschliche Spezies[3], die Feuer benutzte; die erste, welche die Nahrungsbeschaffung zu einem wesentlichen Teil durch die Jagd bestritt; die erste, deren Vertreter wie heutige Menschen laufen konnten und nach einem bestimmten gedanklichen Modell Steinwerkzeuge herstellten … Wir können erkennen, dass der frühe Homo erectus hoch gewachsen war … knapp 1,80 Meter groß … athletisch und sehr muskulös. Selbst der stärkste Berufsringer von heute hätte gegen einen durchschnittlichen männlichen Homo erectus wenig ausrichten können.

Richard Leakey, Die ersten Spuren, München (Bertelsmann) 1997, S. 14 f. und 114 f.

1 „der aufrecht gehende Mensch“
2 Entwicklung, kontinuierliche Veränderung
3 Begriff aus der Biologie: Art, Gruppe gleicher Lebewesen

4 Stelle fest, worin Leakey die „entscheidende Wendung“ in der menschlichen Entwicklung sieht (M3).
5 Richard und Meave Leakey wollen ihren Freunden von dem Fund berichten. Schreibe einen Brief.
6 Feuer und Faustkeil: Fasse ihre Bedeutung für die Urmenschen zusammen (M3, M4 und Darstellungstext).

Urmenschen: Leben mit Feuer und Faustkeil

Der Urmensch (= Homo erectus), zu dessen ältesten Vertretern der Junge vom Turkanasee zählt, nutzte als erste Menschenform das Feuer. Das bezeugen Funde von Ascheresten. Mit dem Feuer konnte er seine Behausungen erwärmen sowie Speisen erhitzen. In der Dunkelheit spendete das Feuer Licht und hielt wilde Tiere ab. Aus der Notwendigkeit das Feuer zu erhalten und zu kontrollieren schließen Forscher, dass die Urmenschen in Gruppen lebten.

Aus Funden von Steinwerkzeugen, Schnittspuren und Abfällen ziehen sie weitere Schlüsse: Die Menschen gingen zur Jagd und erbeuteten auch Großwild. Mit Steinwerkzeugen zerlegten sie die Beute und teilten sie an festen Rastplätzen auf. Der fein bearbeitete Faustkeil – der durch Abschlagen von Splittern scharfe Kanten erhielt – war ihr wichtigstes Werkzeug.

Der Urmensch verließ als erste Menschenart das warme Klima Afrikas in Richtung Asien und Europa.

M4 **Feuer entzünden wie die Urmenschen,** Foto, 1989.
Noch heute beherrschen einige Ureinwohner Australiens die Technik des Feuermachens mit einfachen Mitteln.

Vom Ursprung der Menschen – Mythen und Funde

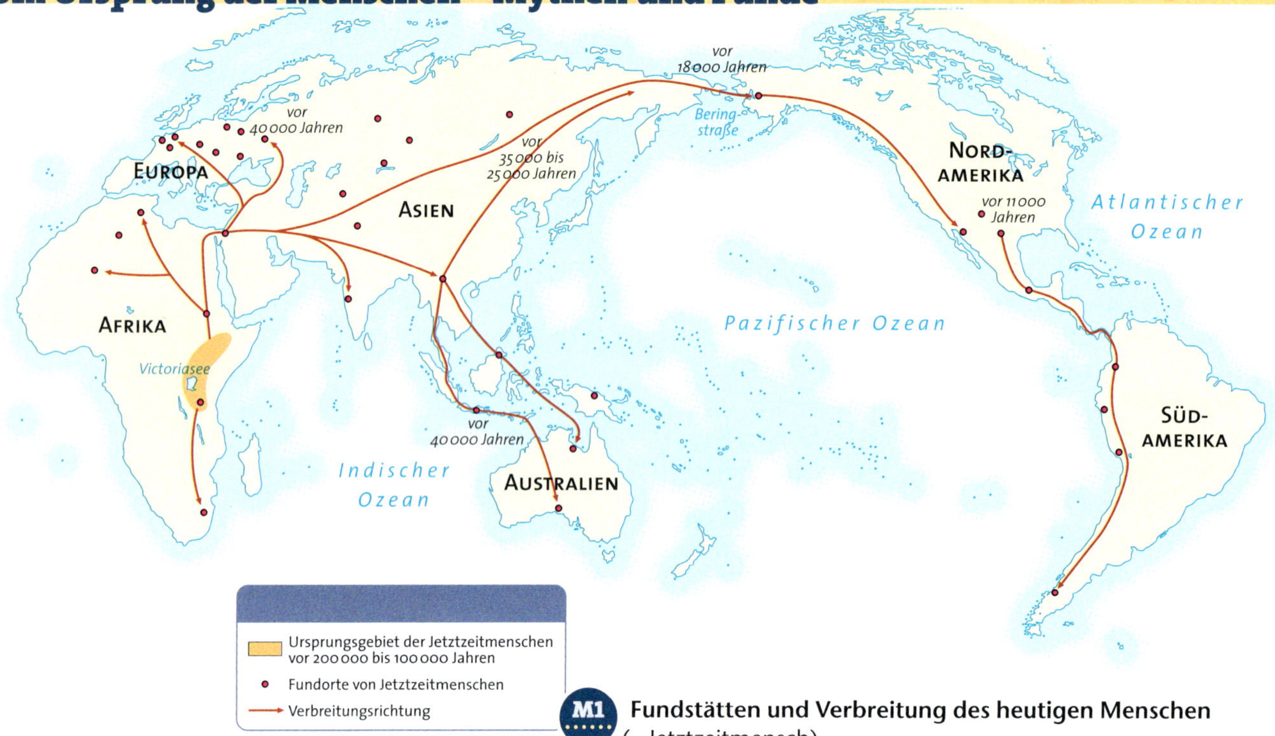

M1 **Fundstätten und Verbreitung des heutigen Menschen** (= Jetztzeitmensch)

Der Jetztzeitmensch

Afrika – Wiege des heutigen Menschen?

„Eva war Afrikanerin", hieß es 1987 in den Medien. Archäologen hatten in Ostafrika weibliche Knochenreste entdeckt und herausgefunden: Nicht nur der Ur-, auch der Jetztzeitmensch (= Homo sapiens sapiens) stammt aus dem warmen Klima Afrikas. Er hatte sich dort vor 200 000 Jahren entwickelt und dann in der Welt ausgebreitet. Diese Vermutung (= Hypothese) wird „Out-of-Africa"-Hypothese genannt. Europa mit seinem kühlen Klima erreichte der Jetztzeitmensch vor ca. 40 000 Jahren.

1 Erläutere die „Out-of-Africa"-Hypothese.

2 Schau dir M2 an. Was wollte Searcy mit ihrer Verwandlung zeigen?

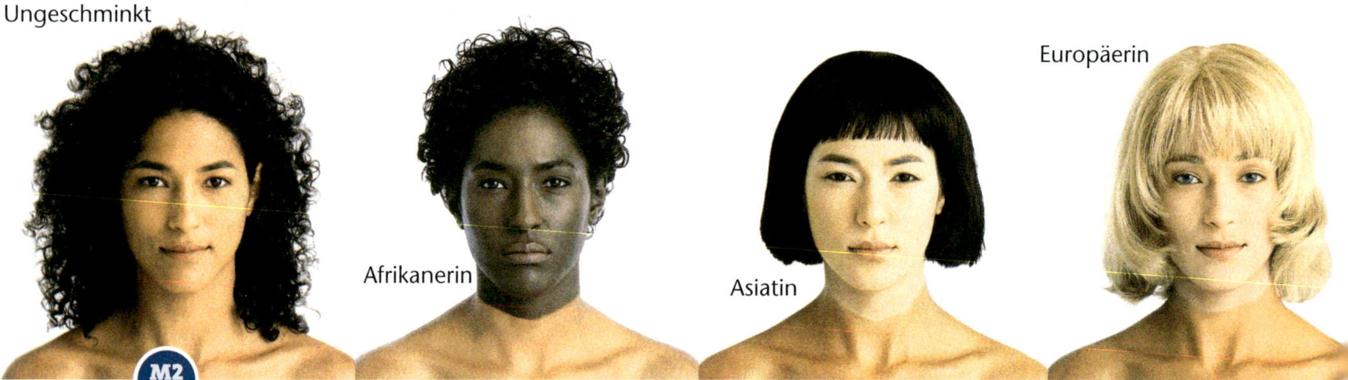

M2 **Der moderne Mensch**, Fotos, 1993. Die Afroindianerin Andrea Searcy verwandelte sich mithilfe von Perücke, Make-up und Kontaktlinsen in Angehörige verschiedener moderner Völker.

Stationen in der Entwicklung des Menschen

Vormensch = Australopithecus
Lebte vor 4,5 bis 1 Million Jahren in Afrika; aufrechter Gang, aber die Einordnung als Mensch ist wegen seines kleinen Gehirns umstritten; Größe 120–150 cm; stellte keine Werkzeuge her; ernährte sich vor allem von Pflanzen; „Australopithecus" heißt „Südaffe".

Frühmensch = Homo habilis
Lebte vor 2,5 bis 1,5 Millionen Jahren in Afrika; Größe 120–150 cm; stellte einfache Werkzeuge her, daher der Artname „habilis" (= geschickt); ernährte sich von Pflanzen und Tieren.

Urmensch = Homo erectus
Lebte vor 2 Millionen bis 40 000 Jahren, erst in Afrika, später in Asien und Europa; Größe 160–180 cm; stellte fein bearbeitete Faustkeile her, nutzte das Feuer und jagte; ernährte sich von Pflanzen und Tieren; der Beiname „erectus" (= aufrecht) stammt von älteren Forschern, die die aufrecht gehenden Vor- und Frühmenschen noch nicht kannten.

Neandertaler = Homo sapiens neanderthalensis
Lebte vor 130 000 bis 30 000 Jahren in Europa; seitdem ausgestorben; Größe 160 cm; stellte zahlreiche Steinwerkzeuge her; verwendete Farbstoffe; bestattete z. T. die Toten; lateinisch „sapiens" = wissend.

Jetztzeitmensch = Homo sapiens sapiens
Entwickelte sich vor 200 000 bis 100 000 Jahren in Ostafrika; weltweite Besiedlung; Größe 180 cm; stellte Werkzeuge und Waffen aus Stein, Holz und Knochen her; glaubte an göttliche Mächte; weitere Funde: Schmuck, Höhlenmalereien, kleine Figuren, Nähnadeln; lateinisch „sapiens sapiens" = verständig.

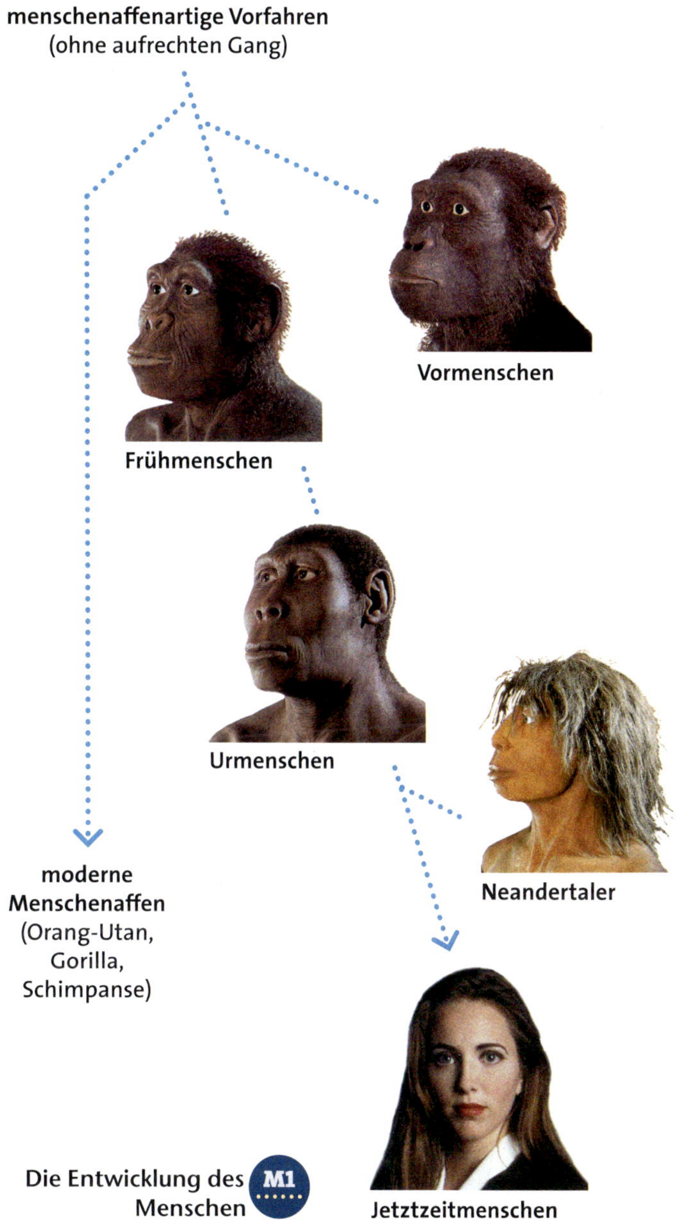

Die Entwicklung des Menschen **M1**

1 Lege eine Tabelle an: Trage in die obere Zeile die verschiedenen Menschenarten ein, die auf dieser Seite genannt werden. Schreibe zu jeder Art, was du über Lebenszeiten, Verbreitung, Größe, Fähigkeiten und Ernährung jeweils auf dieser Seite findest.
2 Du hast Ötzi und den Jungen vom Turkanasee kennen gelernt. Zu welchen Menschentypen gehören sie? Begründe deine Zuordnung.
3 Die Einordnung des Australopithecus als Menschenart ist umstritten. Warum?

Leben in Europa in der Altsteinzeit

Von Afrika ins kühle Europa

Die ersten Menschen in Europa

Der Urmensch (= Homo erectus), den wir in Form des afrikanischen „Turkanasee-Jungen" kennen gelernt haben, ist der erste Menschentyp, der Afrika in Richtung Norden verlassen hat. Aber erst vor 800 000 Jahren ist er im östlichen Europa aufgetaucht, bei uns in Mitteleuropa vor 600 000 Jahren. Das war in der Epoche der Altsteinzeit, die von rund 2 Millionen Jahren bis um 10 000 v. Chr. dauerte.

Umwelt im Europa der Altsteinzeit: Kaltzeiten und Warmzeiten

Woran lag es, dass Europa erst so spät von den Urmenschen besiedelt wurde? Vereinfacht kann man antworten: In Europa war es kühler als in Afrika.

Genauer gesagt: Vor rund 2,5 Millionen Jahren hatte in den nördlichen Regionen der Erdkugel das „Eiszeitalter" begonnen. Im „Eiszeitalter" wechselten sich Kalt- und Warmzeiten immer wieder ab. Mindestens 7 Warm- und 7 Kaltzeiten gab es allein während der letzten 700 000 Jahre. Eine Warm- bzw. eine Kaltzeit konnte zwischen zehn- und hunderttausend Jahren dauern.

Während einer Kaltzeit war es in Europa viel kälter und trockener als heute. Zwar lagen die Temperaturen im Hochsommer nur wenig unter den heutigen Werten, doch waren die Sommer wesentlich kürzer. Die Winter dauerten dagegen erheblich länger und die Temperaturen der kältesten Monate waren um bis zu 17 Grad unter die heutigen Monatsmittelwerte abgesenkt. Es bildeten sich bis zu 3000 Meter dicke Eisschichten, die ganz Nordeuropa bedeckten und zeitweilig bis weit über die Elbe bis an den Nordrand der Mittelgebirge reichten. Auch die Alpen und die Pyrenäen waren vereist.

Wurde es gegen Ende einer Kaltzeit wärmer, schmolz das Eis und die Gletscher zogen sich zurück. Es entstanden wieder Wälder, Tiere und Menschen rückten wieder in die verlassenen Gebiete vor. Eine Warmzeit herrschte zum Beispiel vor 125 000 bis 115 000 Jahren. Die letzte Warmzeit begann um 9000 v. Chr. In ihr befinden wir uns heute noch.

M1 Europa im Eiszeitalter

1. Welches waren die ersten Menschen in Europa (Darstellungstext)?
2. Warum wurde Europa so spät besiedelt (Darstellungstext)?
3. Beschreibe mithilfe von M1 und der Darstellung den Zustand Europas im Eiszeitalter.
4. Überlege, wie sich Kalt- und Warmzeiten auf das Leben der Menschen auswirkten.

Der Siedlungsort von Bilzingsleben, **M2**
Plan mit Fundstellen

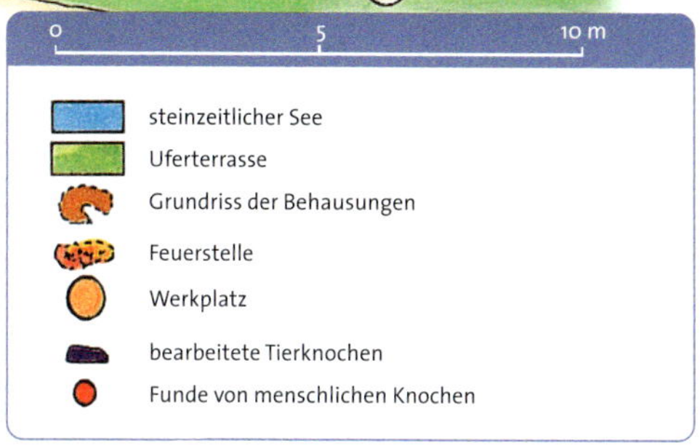

Die Urmenschen von Bilzingsleben

In dem thüringischen Ort Bilzingsleben haben Archäologen 1969 einen Lagerplatz ausgegraben, der vor ca. 350 000 bis 400 000 Jahren von Urmenschen (= Homo erectus) besiedelt war. Er ist typisch für das Leben im Europa der Altsteinzeit, als die Menschen ein Leben als Jäger und Jägerinnen, Sammlerinnen und Sammler führten.

Der Platz lag auf der Uferterrasse eines kleinen Quellsees. Bislang wurden etwa 500 000 Objekte aus Stein, Geweih und Holz ausgegraben, ferner Menschenknochen sowie Tierskelette aus der Jagdbeute.

M3 Die Menschen von Bilzingsleben und ihre Umwelt

Der Leiter der Grabungen von Bilzingsleben, Dietrich Mania, berichtete 1998:

[Die Fundstellen] lagen … in der Regel am Wasser. Uferrandsiedlungen oder der Aufenthalt auf Schwemmkegeln an der Mündung von Fließgewässern in größere Altwässer oder Seen sind die typischen Standorte. Wasser war für den Menschen lebensnotwendig wie auch für das Wild. Dieses stellte sich in den Niederungen zur Tränke ein … Ihm folgten die Beutegreifer und Aasfresser, aber auch der Mensch … Wenn wir die Jagdbeute der … Fundstellen untersuchen, lässt sich feststellen, dass zwar vorwiegend Herdentiere gejagt wurden, aber unter diesen kaum eine Art besonders bevorzugt wurde … Beobachtungen am Befund haben ergeben, dass der Lagerplatz von Bilzingsleben längere Zeit ohne Unterbrechung genutzt wurde … [Er lag] in einem größeren Gebiet, dessen äußere Grenzen mindestens in der Entfernung lagen, die an einem Tage hin und zurück bewältigt werden konnten. Das sind etwa 10 bis 15 km. Somit hatte dieses so genannte Schweifgebiet einen Durchmesser von etwa 20 bis 30 km.

Dietrich Mania, Die ersten Menschen, Stuttgart (Theiß) 1998, S. 36 f.

5 Beschreibe anhand von M2 die Lage des Siedlungsortes von Bilzingsleben. Vermute, warum die Menschen diesen Platz auswählten.

6 Die Forscher haben auch Feuerstellen gefunden. Was kannst du daran erkennen?

7 Lies dir M3 durch und überprüfe deine Vermutungen aus Frage 5.

8 Kläre mithilfe der Darstellungstexte S. 26 und 27, ob zur Zeit der „Bilzingslebener" in Europa eine Warm- oder eine Kaltzeit herrschte.

Leben in Europa in der Altsteinzeit

M4 Lebensbild des altsteinzeitlichen Siedlungsplatzes von Bilzingsleben, Rekonstruktionszeichnung, 1999

M5 „Waldelefant zum Frühstück" – über die Funde in Bilzingsleben

Der Journalist Michael Best berichtete 1998 über die zahlreichen Funde von der Lagerstätte Bilzingsleben:

Bilzingsleben erlaubt heute einen Blick in den Alltag des Urmenschen … Im Boden ruhen Hölzer, Bohrer, Kratzer oder kleine Messer aus Feuerstein. Man kann Kleidungsstücke und Reste zeltartiger Behausungen finden. Davor Feuerstellen, an denen sich noch heute Holzkohlenreste und in der Hitze gerissene „Kochsteine" finden. Bei den Hütten dann Schaber und Ambosse, auf denen Knochen zertrümmert wurden. In Ufernähe deuten Tierknochen darauf hin, dass hier die Jagdbeute zerlegt wurde: Waldelefanten, Nashörner, Hirsche, Pferde, Bären und Wildrinder. Auffällig die kreisförmige Fläche von neun Meter Durchmesser. Sie ist regelrecht gepflastert … Vielleicht ein Ort für Riten[1] oder Religion. Und man findet Knochen, in die mit dem Feuersteinmesser regelmäßige Linien eingeritzt wurden. „Für mich" [sagt der Grabungsleiter Mania], „die ältesten Beweise für die Übermittlung eines menschlichen Gedankens."

Michael Best, Waldelefant zum Frühstück, in: Rheinischer Merkur vom 18.09.1998, S. 34.

1 Regelmäßige Handlungen und Formeln religiösen Ursprungs, zum Beispiel zur Anrufung von Göttern

9 Notiere, was du dem Bild M4 über das Leben von Urmenschen entnehmen kannst.

10 Stelle fest, welche Funde in M5 beschrieben und welche Schlüsse daraus gezogen werden. Vervollständige deine Ergebnisse aus Aufgabe 9.

11 Schau dir M6 genau an. Beschreibe und deute den Fund mithilfe von M5. Was sagt er über die Entwicklung der Menschheit in der Altsteinzeit?

M6 **Knochenfund aus Bilzingsleben,** Foto, 1984. Aus einem großen Knochensplitter stellten die Menschen ein Beil her.

Die Tiere von Bilzingsleben – ein Poster

Die Archäologen haben in Bilzingsleben viele Knochenreste von Tieren gefunden: darunter Großwildtiere wie Waldelefant, Wildrind, Bär, Pferd, Nashorn und Kleinwildtiere wie Hirsch, Wildschwein, Löwe, Biber, Reh, Wolf, Wildkatze, Dachs, Fuchs. Gestaltet ein Poster für euren Klassenraum, auf dem ihr die genannten Tiere selbst einzeichnet oder mithilfe von Fotokopien oder Fotografien aufklebt. Hilfe findet ihr in (Tier-)Lexika.

Leben in der Gruppe – wer sorgt für Nahrung?

Die Funde von Bilzingsleben und anderen Orten deuten darauf hin, dass die Nahrungsgrundlage der Menschen in der Altsteinzeit durch die Jagd und das Sammeln von Wildfrüchten, Wurzeln, Eiern, Bienenhonig und Ähnlichem gedeckt wurde. Die Menschen lebten in Gruppen von etwa 25 bis 30 Personen.
Wie war die Arbeit zwischen ihnen aufgeteilt? Diese Frage ist schwer zu beantworten. Früher wurde angenommen, dass es eine Arbeitsteilung gab, bei der die Jagd Aufgabe der Männer und das Sammeln, Feuerhüten, Kinderbetreuen und Kochen Aufgabe der Frauen war. Heute meinen zahlreiche Wissenschaftlerinnen und Wissenschaftler, dass sich Frauen und Kinder besonders an Gruppenjagden, zum Beispiel auf Rentiere, beteiligt haben können und dass sie bei Sammelzügen auch Kleintiere erlegten. Neuere Funde aus der Zeit um 9000 v. Chr., die in der Forschung „Mittelsteinzeit" genannt wird, zeigen Abdrücke von Textilresten, die Netze darstellen. Sie könnten – so folgern Forscherinnen und Forscher – zum Jagen von Fischen und Wildtieren gedient haben. Eine solche Netzjagd war eine Gemeinschaftsaktion, an der viele Mitglieder der Gruppe teilnahmen: Frauen, Männer und Kinder.

Wildbeutertum

Lebens- und Wirtschaftsweise von Jäger- und Sammelvölkern. Sie wohnen an keinem festen Ort und leben von Wildtieren und Wildpflanzen. Das Wildbeutertum war die bestimmende Lebensweise der Menschen in der Altsteinzeit.

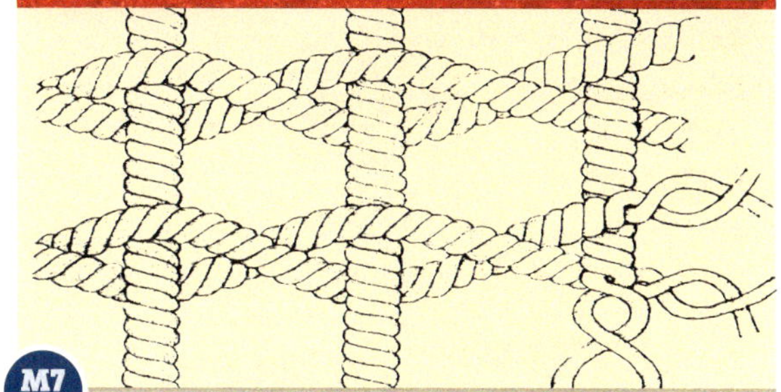

M7 **Faserabdrücke auf Funden in Tschechien,** Foto 1998. Textilgewebe-Rekonstruktion (unten), Zeichnung, 1998

12 Erläutere die zwei Forschungsmeinungen, die im Darstellungstext über die Arbeitsteilung zwischen Männern und Frauen in der Alt- und Mittelsteinzeit angesprochen werden.

13 Kläre mithilfe des Darstellungstextes und M7, warum die Forscherinnen und Forscher ihre bisherige Meinung über die Arbeitsteilung am Ende der Altsteinzeit und in der Mittelsteinzeit neu überdenken.

14 Erläutere, was Forscher mithilfe von Funden über die Jagd herausgefunden haben.

15 Fertige eine Zeichnung an, in der du das Leben der Menschen am Ende der Altsteinzeit nach der neueren Forschungsmeinung darstellst. Einige Anregungen kannst du M4 entnehmen.

Faustkeile – selbst gemacht

Der Faustkeil – ein typisches Werkzeug der Altsteinzeit

Der Faustkeil war vermutlich das erste Werkzeug der Menschen in der Altsteinzeit. Die altsteinzeitlichen „Bilzingslebener“ (siehe S. 27 bis 29) verfügten schon über sehr feine Techniken der Steinbearbeitung.
Sie erstellten für bestimmte Arbeiten spezielle Werkzeuge: einen flachen Schaber zum Schnitzen oder einen keilförmigen Stein zum Spalten von Holzstäben. Speerspitzen stellten sie aus Feuerstein her, denn der war besonders hart.
Aus den Werkzeugfunden schließen die Forscher, dass die „Bilzingslebener“ sehr weit entwickelte Urmenschen waren. Sie konnten schon sehr gut denken und planten z. B. die Herstellung ihrer Werkzeuge sehr genau.

Achtung beim Steinschlagen: Schutzbrille tragen!

Einen Faustkeil kannst du selbst herstellen. Suche dir zunächst einen nicht zu harten Stein, den du bearbeiten willst, sowie einen Schlagstein. M2 zeigt dir, wie du vorgehen musst. Beachte: den weichen Stein auf einen festen Untergrund legen; dann mit dem zweiten Stein die Splitter abschlagen, bis die gewünschte Form stimmt. Wenn du eine scharfe Kante bekommen willst, musst du kleine Splitter von einem der Ränder abschlagen. – Schutzbrille tragen!

Faustkeil aus Feuerstein, Foto, 1995 **M1**

Herstellen eines Faustkeils, Zeichnung, 1999 **M2**

1 Versuche nach der Anleitung oben selbst einen Faustkeil herzustellen.

2 Beschreibe, welche Probleme du bei der Faustkeilherstellung gehabt hast.

3 Erkläre, warum nach Meinung der Forscher die Altsteinzeitmenschen aus Bilzingsleben eine hohe Entwicklungsstufe erreicht hatten (lies dir auch den Darstellungstext links oben durch).

M1 Felsmalerei in der Höhle von Lascaux, Frankreich, um 15 000 v. Chr. Die Künstler benutzten Holzkohle und Tonerde in braunen, gelben und rötlichen Farben, die sie pulverförmig gegen den Fels bliesen oder mit Öl anrührten.

Felsmalerei

Leben in der Altsteinzeit – mehr als „Arbeit" und „Technik"?

Vier Jungen entdeckten 1940 auf dem Gutshof Lascaux in Südfrankreich durch Zufall eine Höhle, die tief im Innern mit Felszeichnungen bedeckt war. Sofort eilten Archäologen an die Fundstelle. Ihr Ergebnis: Die Bilder stammten aus der Zeit um 15 000 v. Chr. Damit hatten die Jungen Spuren der ersten europäischen Jetztzeitmenschen entdeckt, die gegen Ende der Altsteinzeit von Afrika aus eingewandert waren.
Gemalt hatten die Künstler der Altsteinzeit vor allem Großwildtiere, manchmal Vögel und Fische, Menschen nur selten. Warum sie diese Werke anfertigten, ist unter Forschern umstritten. Manche meinen, dass sie Glück bei der Jagd bringen sollten, andere sagen, dass Schutzgeister angerufen werden sollten. Unbestritten ist, dass sie eine „Zeichensprache" darstellen, die die Menschen damals verstanden.
Die Felsbilder zeigen, dass sich das Denken und die Lebensweise der Höhlenmenschen von Lascaux im Vergleich mit den Urmenschen Afrikas stark weiterentwickelt hatte. Sie dachten über Tiere und Natur nach, über Götter und Tod. Vorangetrieben hat diese Entwicklung wahrscheinlich das kühle Klima Europas, das die Menschen immer wieder vor neue Herausforderungen stellte: Wo hause ich, wenn es kalt ist? Wie ernähre ich mich, wenn ich im Winter keine Pflanzen sammeln kann? Und wie verständige ich mich über diese Fragen mit meinen Mitmenschen?

Ein Höhlenbild für den Klassenraum

Ihr benötigt folgende Materialien: eine Rolle Packpapier, geeignete Farben (braun, schwarz, rot, gelb), Pinsel und Kohlestifte.
Zeichnet mit dem Kohlestift die Umrisse auf das Packpapier. Hinweise auf geeignete Motive findet ihr auf dieser Seite. Malt die Umrisse mit Farbe aus. Schneidet eure „Gemälde" aus, klebt sie auf eine Bahn aus Packpapier und hängt sie in eurem Klassenzimmer auf.

1 Beschreibe M1. Überlege, was die Zeichnungen ausdrücken sollen.
2 Begründe, warum das Leben der Menschen in der Steinzeit mehr als „Arbeit" und „Technik" war. Ziehe dazu den Darstellungstext und die Abbildung M1 heran.
3 Sieh dir auf einem Computer die Symbole in der Menüleiste an. Zeichne sie ab und schreibe dazu, welche Bedeutung sie haben.
4 Überlege, ob „Zeichensprache" auch heute noch für uns bedeutsam ist. Nenne Beispiele.

Informationen sammeln in einer Bibliothek

Mehr Wissen ...

In den ersten Abschnitten dieses Buches hast du einen kleinen Einblick in die Geschichte der Steinzeit bekommen. Wenn du mehr über das Leben der Jäger und Sammlerinnen erfahren möchtest, musst du dir weitere Informationen selbst beschaffen. Informationen findest du am besten in Büchern. Bücher kann man in Büchereien einsehen und sehr oft auch ausleihen. In vielen Schulen gibt es eine Schülerbibliothek und in den meisten Städten eine Stadtbibliothek.

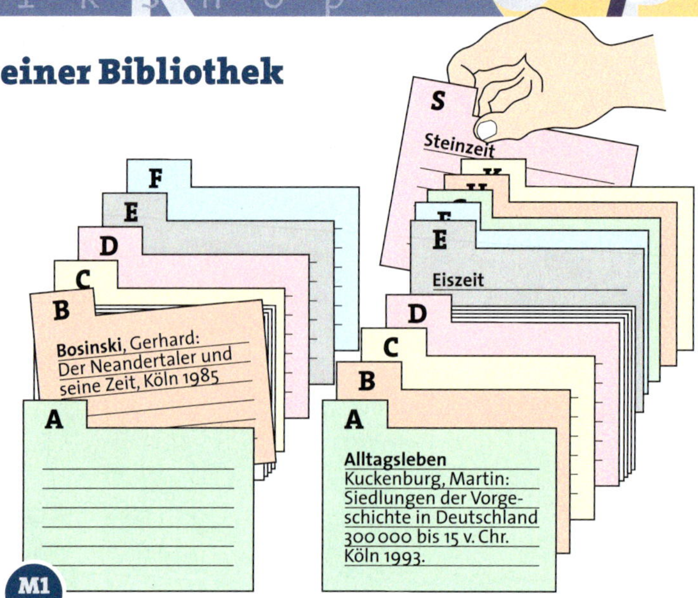

M1 **Kataloge zur Suche von Buchtiteln in einer Bibliothek.** Alphabetischer Autorenkatalog (links) und Schlagwortkatalog (rechts)

Arbeitsschritte **Benutzung einer Bibliothek**

1. Schritt: Besuch vorbereiten
Erkundigt euch nach den Öffnungszeiten. Fragt nach Leseausweis und Leihgebühr.

2. Schritt: Titel suchen
Alle Bücher einer Bibliothek sind in einem „Katalog" verzeichnet. Erkundigt euch bei eurem ersten Besuch, wie man die Kataloge benutzt. Der Katalog enthält Titel und Signatur (Buchstaben/Zahlenkombination), die nötig sind, um die Bücher zu finden. Häufig gibt es einen Extrakatalog für CD's, Videos und Kassetten.

3. Schritt: Kataloge benutzen
Es gibt immer einen Autoren- und einen Schlagwortkatalog. Der Autorenkatalog hilft, wenn euch der Autor des Buches oder der CD bekannt ist. Der Schlagwortkatalog erleichtert den Einstieg in ein Thema, z. B. Steinzeit, Ritter, Hexen. Wenn ihr die gewünschten Bücher oder andere Medien im Katalog gefunden habt, notiert euch die Signaturen.

4. Schritt: Buch ausleihen
Entnehmt die Bücher oder andere Medien dem Regal, wo ihr häufig weitere Bücher/Medien zum selben Thema findet.

Tipp: Informationen festhalten
Bücher und andere Medien müsst ihr nach einer bestimmten Zeit zurückgeben. Notizen aus den Büchern, Fotokopien, Skizzen usw. solltet ihr deshalb nach Stichwörtern ordnen und z. B. in einem Hefter oder auf Karteikarten sammeln.

M2 **In der Bibliothek**, Foto, 1995. Schülerinnen und Schüler suchen Bücher am alphabetischen Autorenkatalog.

1 Erkundige dich nach Büchereien und Bibliotheken in deinem Wohn- oder Schulort. Sammle Adressen und Telefonnummern.

2 Suche zunächst nach Jugendbüchern zum Stichwort „Steinzeit" und notiere die Titel. Entscheide dann, welche Bücher du ausleihen willst.

3 Veranstaltet in eurer Klasse eine Lesestunde zum Thema „Leben in der Steinzeit".

Die „Revolution“ auf dem Acker

Eine neue Lebensweise in der Jungsteinzeit

Mit dem Rückzug der Gletscher Ende der letzten Kaltzeit um 10 000 v. Chr. erwärmte sich die Erde und Mitteleuropa wurde alsbald von dichten Wäldern bedeckt. Waren die Menschen in der Altsteinzeit jagend und sammelnd umhergezogen, entwickelten sie jetzt, in der Jungsteinzeit, eine neue Lebensweise.
Aus dem Vorderen Orient kam sie zu uns …

M1 **Lebensbild der jungsteinzeitlichen Siedlung von Erkelenz-Kückhoven um 5000 v. Chr.,** Rekonstruktionszeichnung, 1999

Der Fund von Erkelenz-Kückhoven

Die Menschen der Altsteinzeit haben mit ihrer nomadisierenden Lebensweise das genutzt, was sie in der Natur vorfanden. Wenn an einem Ort die Nahrungsgrundlage knapp wurde, zogen sie in andere Gegenden. Für ihre zeitlich begrenzten Aufenthalte bevorzugten sie Plätze mit Wasservorrat wie Seen und Flüsse. Steinzeitforscher waren daher überrascht, als 1964 bei Erkelenz-Kückhoven im Rheinland ein Siedlungsplatz ausgegraben wurde, bei dem weit und breit kein Gewässer lag. Warum hatten die Menschen trotzdem hier gesiedelt? Ein besonderer Fund, den Forscher erst 1991 bis 1994 ausgruben, löste das Rätsel: ein Brunnen! Er war die „Wasserquelle“ – gefertigt aus Eichenholz und sehr gut erhalten.
Bei den weiteren Ausgrabungen wurden mehr als 70 Hausgrundrisse freigelegt. In den Abfallgruben fanden sich Geräte aus Stein, Holz und Keramik, zum Beispiel Hacken und Gefäße, auch Spaten aus Ahornholz und zwei Taschen aus Eichenrindenbast. Der Brunnenfund wurde auf 5090 v. Chr. datiert. Er ist im Rheinischen Landesmuseum Bonn ausgestellt .

1 Beschreibe anhand von M1 die Lebensweise der Menschen.

2 Vergleiche sie mit der Lebensweise der „Bilzingslebener“ in M4, S. 28 und notiere, worin sich beide unterscheiden.

3 Aus welchen Gründen könnte sich deiner Meinung nach die Lebensweise der Menschen in M1 verändert haben? Halte deine Vermutungen fest.

4 Erläutere mithilfe des Darstellungstextes links die Bedeutung des Brunnens für die Lebensweise der Menschen in der Jungsteinzeit.

5 Überprüfe mithilfe des Darstellungstextes links, welche Details der Rekonstruktionszeichnung M1 auf Funden basieren.

Leben in der Jungsteinzeit

M2 **Lebensbild aus der Jungsteinzeit,** Rekonstruktionszeichnung, 1999

Eine bäuerliche Gesellschaft entsteht

Der Brunnen von Erkelenz-Kückhoven ist ein Beleg für eine neue Lebensform, die mit der Jungsteinzeit aufkam: die sesshafte, bäuerliche Lebensweise. Der Übergang vom Wildbeutertum zur bäuerlichen Sesshaftigkeit dauerte „nur" wenige Jahrtausende. Weil aber der Umbruch im Vergleich zur Altsteinzeit, die zwei Millionen Jahre umfasste, sehr rasch erfolgte, bezeichnen Geschichtswissenschaftler sie als eine Revolution: die „Neolithische Revolution" (siehe Kasten). Die Menschen lebten jetzt nicht mehr „mit" der Natur, sondern begannen die Natur für ihre Zwecke und Ziele zu nutzen: Sie trieben Ackerbau und züchteten Pflanzen und Tiere aus Wildformen. Das älteste Haustier ist der Hund. Er begleitet den Menschen schon seit dem Ende der Altsteinzeit auf seinen Jagdzügen. Erst nach der Neolithischen Revolution züchteten die Menschen auch Schafe, Ziegen, Rinder und Schweine. Grundrisse von festen Gebäuden und große Gräberfelder zeigen, dass die Menschen in dörflichen Siedlungen lebten und allmählich Eigentum bildeten.

Neolithische Revolution

Die Epoche der Jungsteinzeit (= Neolithikum) begann nach der letzten Kaltzeit im Vorderen Orient um 9000 v. Chr., in Mitteleuropa um 5500 v. Chr. In der Jungsteinzeit änderte sich das Leben der Menschen grundsätzlich. Die Menschen lebten nicht nur vom Sammeln und Jagen, sondern ernährten sich von Ackerbau und Viehzucht. Sie wurden zunehmend sesshaft und wohnten in festen Siedlungen. Diese radikale Änderung der Lebensweise wird Neolithische Revolution genannt.

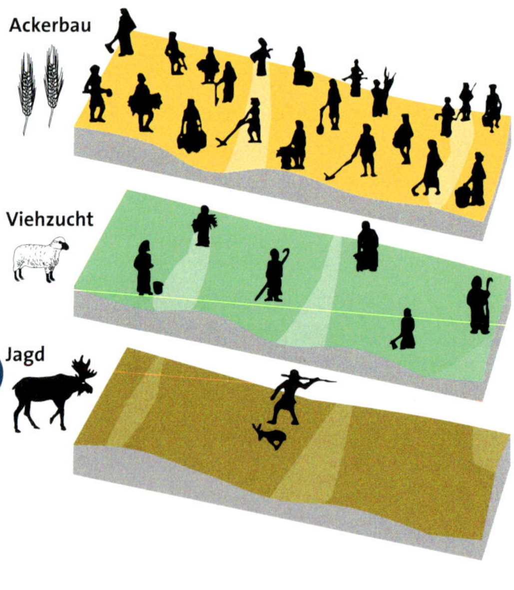

M3 **Wirtschaftsweisen beeinflussen das Leben der Menschen in der Steinzeit.** Dargestellt ist die Zahl der ernährten Menschen pro Quadratkilometer.

Werkzeuge, Arbeitstechniken, Arbeitsteilung

In der Jungsteinzeit veränderte sich das Arbeitsleben der Menschen nachhaltig. Der hölzerne Hakenpflug, den die Menschen erfanden, verbesserte den Feldanbau. Zu den Errungenschaften in der Vorratshaltung zählten Gefäße aus Ton. Andere Erfindungen waren das Spinnen, das Weben und die Steinbohrung.
Die Arbeit mit den neuen Werkzeugen erforderte viel Geschick, sodass sich die Menschen auf bestimmte Tätigkeiten des Ackerbaus und der Viehzucht spezialisierten. Auch musste das Leben in der Familie und im Dorf geregelt werden. Wie es organisiert war, darüber wissen die Forscher aber nur wenig: Gab es zum Beispiel einen Dorfvorsteher oder eine Dorfvorsteherin?

6 Liste anhand von M2 Merkmale jungsteinzeitlicher Lebensweise auf.

7 Erläutere, wie sich mit der „Neolithischen Revolution" das Verhältnis der Menschen zur Natur veränderte (siehe Darstellungstext und Kasten).

8 Fasse die Aussagen von Schaubild M3 zusammen. Welche Schlüsse kannst du aus deinen Befunden über die Entwicklung der Menschen in der Jungsteinzeit ziehen?

9 Beschreibe die Geräte in M4. Stelle in einer Tabelle zusammen, wofür man sie verwenden kann.

10 Was kannst du aus M4 über die Arbeit in der Jungsteinzeit ableiten?

Neue Techniken und Geräte in der Jungsteinzeit, Rekonstruktionszeichnung, 1999 **M4**

M5 **Bau eines Hauses in der Jungsteinzeit**, Rekonstruktion aufgrund von Fundergebnissen. Die verschiedenen Arbeitsgänge werden hier zu gleicher Zeit gezeigt; tatsächlich wurden sie nacheinander ausgeführt (Errichten der Tragpfosten in Gruben, Verlegen der Dachkonstruktionen, Herstellen der Flechtwände, Decken des Daches mit Schilf und Verputzen der Wände mit Lehm).

M6 Frauen- und Männerarbeit in der frühbäuerlichen Gesellschaft – ein Fortschritt?

6A Die Prähistorikerin[1] Brigitte Röder schrieb 1998 in einem Aufsatz „Jungsteinzeit – Frauenzeit?“:

Das tägliche Arbeitspensum war um ein Vielfaches gestiegen, weil Ackerbau und Viehzucht wesentlich zeitaufwändiger sind als eine Nahrungssicherung durch Sammeln, Jagen und Fischen … Zur Arbeit in der Landwirtschaft kam eine Vielzahl neuer Tätigkeiten hinzu … Zu nennen ist beispielsweise die Herstellung zahlreicher neu entwickelter Werkzeuge und Geräte sowie das Weben von Textilien aus Pflanzenfasern. Nicht zu unterschätzen ist auch der Zeitaufwand für den Bau und die Instandhaltung der Häuser. Ein völlig neuer, ebenfalls arbeitsintensiver Bereich war die Vorratshaltung …
Der Anstieg von Arbeitsbelastung und Arbeitsteilung wirkte sich auch auf das Geschlechterverhältnis aus, da offenbar neu ausgehandelt werden musste, welche Arbeiten Frauen und Männer jeweils zu übernehmen hatten … Untersuchungen … an den Knochen … zeigen, dass [jungsteinzeitliche] Frauen ausgesprochen hart und schwer arbeiteten.

Brigitte Röder, Jungsteinzeit – Frauenzeit?, in: Bärbel Auffermann/Gerd-Christian Weniger (Hg.), Frauen Zeiten Spuren, Mettmann (Neanderthal-Museum) 1998, S. 244 f. und 261.

6B Der Prähistoriker[1] Hansjürgen Müller-Beck schrieb ebenfalls 1998 in seinem Buch „Die Steinzeit“:

Der … Feldbau und die … Tierhaltung verursachen zwar Arbeit. Aber diese neue Art von Arbeit ist … besser zu planen und bietet bei konsequenter Anstrengung vor allem größere Sicherheit …
Damit werden die Frauen von ihrer mit zunehmender Entfernung vom Lager immer gefährlicher werdenden und auch enorme Tragleistungen erzwingenden Sammeltätigkeit entlastet. Dabei ist zu beachten, dass die Mütter ihre kleineren Kinder wegen des Stillens mit sich tragen müssen … Die Neolithisierung machte vor allem zunächst den Frauen das Leben leichter … Sie können sich jetzt stärker den Kindern widmen. In den stabileren Häusern und bei regelmäßigerem Leben in langfristiger belegten Bauten sinkt die Kindersterblichkeit auffallend.

Hansjürgen Müller-Beck, Die Steinzeit, München (Beck) 1998, S. 102.

1 Archäologe/in mit der Fachrichtung Ur- und Frühgeschichte

11 Erarbeite die in M6 vertretenen Meinungen zur Arbeitsbelastung der Menschen in der Jungsteinzeit. Vergleiche beide Auffassungen.

12 Schreibe deiner Freundin/deinem Freund einen Brief, in dem du über das Leben in der Jungsteinzeit berichtest. Was interessiert dich am meisten? Nimm die Seiten 33 bis 36 zu Hilfe.

M7 Zentren der neolithischen Revolution zwischen 9000 und 3000 v. Chr.

Zerstörung der Natur in der Jungsteinzeit?

Als sesshafte Bauern gingen die Menschen der Jungsteinzeit anders mit der Natur um als ihre sammelnden und jagenden Vorfahren aus der Altsteinzeit. Vor allem holzten sie große Waldflächen ab, da sie für die Anlage von Feldern und den Bau von Siedlungen viel Platz und große Mengen Holz benötigten. War ein Ackerboden erschöpft, schlugen sie neue Lichtungen. Die „Jungsteinzeitler" regulierten auch erstmals Flussläufe um Wasser für die Feldbewässerung zu nutzen. Überall, wo sich die bäuerliche Lebensweise zwischen 9000 und 3000 v. Chr. ausbreitete, hat sich das „Gesicht" der Natur seither stark verändert.

M8 **Historische Umweltforschung**
Artikel aus einer Zeitschrift, 1997

Botaniker Burkhard Frenzel

Vorzeitlicher Landverbrauch

Bauern vor rund 6000 Jahren rangen dem Boden ihr täglich Brot nur unter großem Landverbrauch ab. Weil sie noch keine Düngung kannten, mussten sie ständig neues Ackerland erschließen. Diese Vermutung von Vorgeschichtsbotanikern konnte Burkhard Frenzel von der Universität Hohenheim nach jahrelangen Anbauversuchen mit den damaligen Ackerpflanzen bestätigen. Schon der prähistorische Feldbau verursachte starke Umweltveränderungen: Ödlandbildung, Erosion, Hochwasser und Vermoorung.

Kampf mit der Natur: die ersten Bauern

13 Stelle fest, in welchen Erdteilen bzw. heutigen Staaten während der Jungsteinzeit bäuerliche Lebensformen entstanden (M7).

Begegnung von Jägern und Sesshaften – ein Rollenspiel

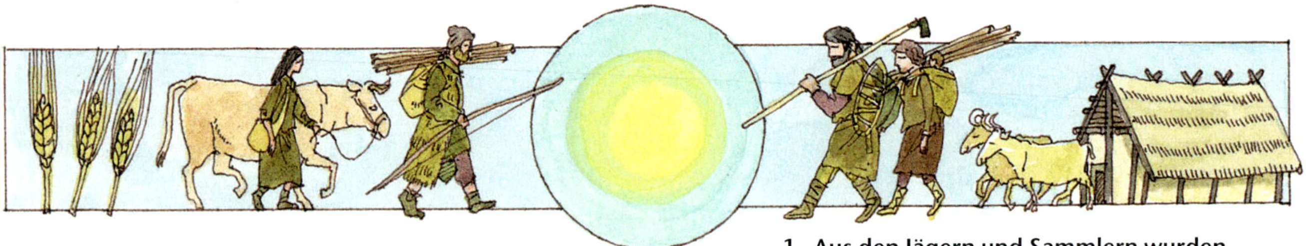

1. Aus den Jägern und Sammlern wurden allmählich sesshafte Bauern.

2. Eindringende Bauern überzeugten durch ihre Lebensweise die Jäger und Sammler.

3. Die Bauern verdrängten die Jäger und Sammler gewaltsam und nahmen das Land für den Ackerbau in Besitz.

M1 **Modelle des Übergangs vom Wildbeutertum zur Sesshaftigkeit**, Rekonstruktionszeichnung, 1999. Das Modell basiert auf Forschungsergebnissen aus dem Raum Süddeutschland.

Rollenspiele – warum?

Wie Menschen in der Geschichte in bestimmten Situationen gefühlt, gedacht und gehandelt haben, wissen wir nicht genau. Das gilt besonders dann, wenn Überlieferungen nur sehr dürftig sind oder ganz fehlen. In einem Rollenspiel sollen schwierige Situationen nachgespielt werden um über Lösungen eines Problems nachzudenken. Es kann Ergebnisse der Forschung nicht ersetzen, bietet aber die Möglichkeit sich in die Lage der Menschen aus der Vergangenheit zu versetzen. Versucht einmal euch in die Zeit zu versetzen, als die Jäger und Sammlerinnen allmählich zu sesshaften Bauern wurden. Bei der Organisation eines Rollenspieles zu diesem Thema helfen euch die folgenden Arbeitsschritte.

Arbeitsschritte Ein Rollenspiel organisieren

1. Schritt: Die Ausgangslage auf eine Situationskarte schreiben
Auf der Situationskarte wird festgehalten, welche Situation nachgespielt werden soll. Die Ausgangssituation wird kurz beschrieben. Welche Personen sind an dem Spiel beteiligt? Welche Probleme gibt es? Ein Beispiel für eine Situationskarte findest du auf dieser Seite. Anregungen für weitere Situationen sind in M1 dargestellt.

2. Schritt: Rollen verteilen
Auf den Rollenkarten werden die spielenden Personen beschrieben: Beruf, Eigenschaften, Verhalten und ihre Ziele. Diejenigen, die eine Rolle übernehmen, müssen sich an die Vorgaben ihrer Rollenkarten halten. Sie dürfen aber auch eigene Vorstellungen von der darzustellenden Person einbringen, sofern sie den Vorgaben nicht widersprechen.

3. Schritt: Spiel vorbereiten
Die Spielerinnen und Spieler hängen sich ein Schild mit ihrer Rollenkennzeichnung um. Sie besprechen die Situation (Situationskarte) und die Rollen (Rollenkarten) untereinander.

4. Schritt: Spiel beobachten und auswerten
Sinnvoll ist der Einsatz von Spielbeobachtern, die sich während des Spiels Notizen zu den einzelnen Rollen machen. Sie sollen das Spiel bewerten und ihre Meinung begründen. Wurden die Rollen glaubhaft gespielt? Welche Argumente wurden genannt? Passten sie in die Situation und die Zeit? Was war gut, was könnte verbessert werden?

Situationskarte

Stellt euch vor, ihr wäret Siedler. Um eure Siedlung zu vergrößern rodet ihr gerade einen Wald, der bisher von einer Gemeinschaft von Jägern und Sammlerinnen als Jagdgebiet genutzt wurde. Die Jäger sind empört. Ihnen droht ein Teil der Nahrungsgrundlage verloren zu gehen. Denn wenn die Wildtiere verdrängt würden, müssten sie über große Entfernungen weiterziehen. Um die Situation zu besprechen kommen einige Siedler und eine Abordnung der Jäger- und Sammlerinnengruppe zusammen.

Rollenkarte 1

Der Dorfälteste
Er ist 40 Jahre alt und ein Bauer mit großem Besitz. Er möchte die Siedlung vergrößern. Die jungen Leute in seinem Dorf drängen aber darauf, mehr Land zu bekommen, damit sie ihre Familien ernähren können.

Rollenkarte 2

Der Anführer der Jäger- und Sammlerinnengruppe
Er ist 25 Jahre alt, jung und kräftig. Er sieht überhaupt nicht ein, dass er und seine Gruppe die Gegend verlassen sollen. Schließlich waren sie schon lange vor den Bauern in der Gegend. Je nach Jahreszeit und Tierbestand verlegten sie ihren Rastplatz in diese Umgebung.

Rollenkarte 3

Ein Töpferhandwerker
Er wohnt in der Siedlung und sieht in den Jägern und Sammlerinnen neue Käufer für seine Töpferwaren.

Rollenkarte 4

Ein Jäger
Er ist 35 Jahre alt und Spezialist für das Aufarbeiten von Tierfellen. Er bewertet das Auftauchen der Siedler eher positiv. Schließlich könnte er in Notzeiten seine Felle gegen getötete Tiere der Bauern eintauschen.

Rollenkarte 5

Eine Frau, die sammelt und jagt
Sie ist 20 Jahre alt und Mutter von zwei Kindern. Ihr gefällt das Leben der Bäuerinnen besser, weil diese sich mehr um ihre Kinder kümmern können. Sie möchte lieber in den Häusern wohnen und nicht mehr umherziehen.

Spuren der Industriegesellschaft

Kupfer, Bronze, Eisen – Wohlstand durch Metalle?

M1 Erzbergbau in der Metallzeit, Rekonstruktionszeichnung, 1999

Kupfer, Bronze, Eisen

Unsere Reise durch die Vorgeschichte endet in einem Zeitraum, in dem wir bereits Spuren unserer heutigen Industriegesellschaft finden: Metalle. Sie kommen in bestimmten Gesteinen (= Erzen) vor, die in der Erde lagern und in Bergwerken abgebaut werden. Bei hohen Temperaturen werden aus den Erzen die Metalle herausgeschmolzen. Anschließend können sie in Formen gegossen, geschmiedet, gewalzt und mechanisch bearbeitet werden.

Kupfer war das erste Metall, das Menschen gewannen, und zwar zuerst im Vorderen Orient im 6. Jahrtausend v. Chr. Da aber Kupfer relativ weich ist, suchten die Menschen bald nach anderen Möglichkeiten und fanden heraus, dass eine Mischung aus Kupfer und Zinn im Verhältnis 9:1 ein härteres Metall ergibt: die Bronze. In Mitteleuropa gab es sie seit 2200 v. Chr. (Bronzezeit). Ein noch härteres Metall ist das Eisen, mit dem um 800 v. Chr. die Eisenzeit begann.

Veränderungen in Gesellschaft und Kultur

Da der Abbau von Eisenerz und seine Verarbeitung zu Metallgegenständen Fachwissen erforderten, entstand in den bäuerlichen Gemeinschaften eine Arbeitsteilung. Es bildeten sich Handwerksberufe heraus wie Bergmann und Schmied. Händler transportierten und tauschten Rohstoffe und Produkte – zum Teil über tausende von Kilometern hinweg. Sie brachten Kenntnisse über fremde Lebensformen und Arbeitstechniken, vor allem aus dem Mittelmeerraum, nach Norden. Dass durch solche Kontakte ein Austausch stattgefunden hat, haben Archäologen anhand von Ausgrabungen erkannt.

Aber nicht nur äußere Einflüsse veränderten das Leben der Menschen. Durch die Spezialisierung und die Möglichkeit, über den Eigenbedarf hinaus zu produzieren, entstand in der Gruppe ein „Oben" und „Unten": Die Reichsten und Mächtigsten beanspruchten, als Fürsten oder Häuptlinge an der Spitze zu stehen. Dies ist beispielsweise für die Kelten* und die Germanen, die in der Eisenzeit in Mitteleuropa lebten, überliefert.

M2 Funde aus der Bronzezeit, Foto, 1996

M3 Die Ausbreitung der Kelten

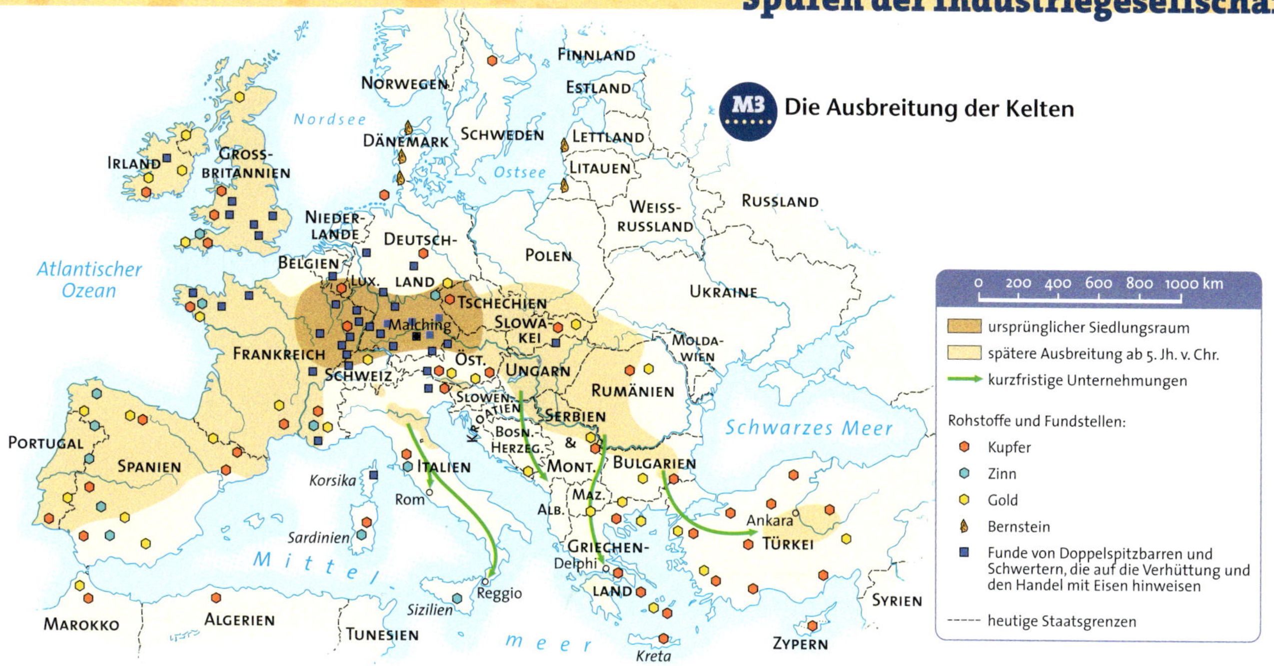

Metallzeit

Die neuen Werkstoffe aus Metall veränderten das Leben der Menschen gewaltig. Deshalb benennen wir geschichtliche Zeiträume nach dem bevorzugten Metall: zwischen 2200 und ca. 800 v. Chr. Bronzezeit in Mitteleuropa. Ab ca. 800 v. Chr. wurden hier Werkzeuge, Geräte und Waffen aus Eisen üblich: Eisenzeit.

1 Nenne Vor- und Nachteile wichtiger Werkstoffe aus der Steinzeit (Steine, Holz, Knochen). Vergleiche sie mit den Eigenschaften der Werkstoffe aus der Metallzeit (Darstellungstext S. 40 links und M2).

2 Beschreibe mithilfe von M1 den Abbau von Erzen in der Metallzeit.

3 Erläutere anhand des Darstellungstextes S. 40 rechts, inwiefern sich die Gesellschaft in der Metallzeit gegenüber der Jungsteinzeit verändert hat.

4 Überlege, wofür Metalle heute benötigt werden.

5 Beschreibe die Keltensiedlung M4 und vergleiche sie mit dem jungsteinzeitlichen Hausbau (siehe S. 36, M5).

6 Kläre mithilfe von M3, wo die Urheimat der Kelten war. Welche heutigen Länder Europas liegen im keltischen Kulturraum?

M4 **Rekonstruktionszeichnung der Siedlung bei Hochdorf, 2000.** Die Hofstellen bestanden aus Wohnhäusern, Gärten, Grubenhäusern, die vermutlich als Werkstätten dienten, Erdkellern und Vierpfostenspeichern mit hochgelegtem Boden. Als Baumaterialien wurden Holz, Weide und Stroh verwendet. Die Zeichnung stellt eine Möglichkeit dar, wie die Siedlung ausgesehen haben könnte.

Das Industriezeitalter

Neue Technik und industrielle Arbeit

Unsere heutige Lebensweise begann – ähnlich wie der Übergang von der wildbeuterischen zur bäuerlichen Lebensform (siehe S. 33 ff.) mit einer Umwälzung, einer „Revolution" der technischen und wirtschaftlichen Verhältnisse. Auch die Entdeckung und Einführung der Metalle veränderte das Leben der Menschen (Metallzeit, siehe S. 40 f.).
Mit der „Industriellen Revolution" begann im 18. Jahrhundert in England eine Epoche wichtiger technischer Erfindungen, wie der Dampfmaschine und Textilmaschinen. Zur Herstellung der Waren wurden Fabriken gebaut, in denen Männer, Frauen und Kinder unter harten Bedingungen arbeiteten. Die Licht- und Luftverhältnisse waren oft sehr schlecht, die Löhne niedrig. Die Arbeitszeit stieg im Laufe des 19. Jahrhunderts auf fast 90 Wochenstunden (heute sind es etwa 40).
Im Laufe der Industrialisierung verbesserten sich aber die Verhältnisse: Die Löhne stiegen und die Arbeitszeit wurde kürzer.

M1 **Lokomotiven-Montagehalle**, Gemälde von Paul Meyerheim, 1875

M2 **Das papierlose Büro** wird auf einer Fachmesse in Leipzig vorgestellt, Foto, 2003

1 Beschreibe mithilfe des Darstellungstextes die drei bedeutendsten Veränderungen in der Lebensweise der Menschen von der Jungsteinzeit bis in die Gegenwart. Lies im Kapitel nach.
2 Notiere in Stichworten die Arbeitsbedingungen in der frühen Industriezeit und vergleiche mit heute.
3 Erarbeite an M1 und M2, woran wieder ein Wandel der Arbeitsverhältnisse zu erkennen ist.

Eine Zeitleiste herstellen

Altsteinzeit	Jungsteinzeit im Vorderen Orient	Jungsteinzeit in Mitteleuropa; Metallzeit im Vorderen Orient	Bronzezeit in Mitteleuropa	Eisenzeit in Mitteleuropa
2 000 000 v. Chr.	9000 v. Chr.	5500 v. Chr.	2200 v. Chr.	800 v. Chr.

Nahrung

Wohnung

Kleidung

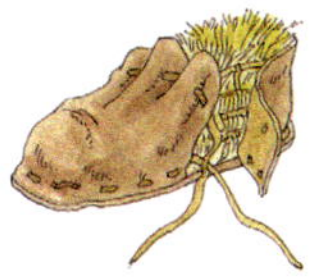

Kultur und Religion

Werkzeuge und Technik

M1 **Beispiel einer Epochen-Zeitleiste.** Die Darstellung hier und in eurer Klasse ist nicht im genauen Maßstab möglich, denn bei einem Maßstab von beispielsweise einem Meter an der Klassenwand für 10 000 Jahre müsstet ihr ab Beginn der Altsteinzeit 200 Meter zur Verfügung haben. Es genügt deshalb, wenn ihr die Zeitabstände optisch durch größere bzw. kleinere Abstände zwischen den Epochen kennzeichnet.

Wozu eine Zeitleiste?

Im 1. Kapitel habt ihr an einigen Beispielen gelernt, wie die Zeit gegliedert und dargestellt werden kann, z. B. mit dem Zeitstrahl (S. 11) und dem Zeitbogen (S. 12). Für euren Lernerfolg in Geschichte ist es aber auch wichtig, eine Zeitleiste selbst zu erarbeiten. Sie gibt euch die Möglichkeit,

- sie nach euren Vorstellungen anzufertigen,
- das für euch Wichtige festzuhalten,
- sie für Wiederholungen zu nutzen,
- sie im Laufe des Unterrichts weiterzuentwickeln.

Auf dieser Seite findet ihr einige Anregungen, wie ihr eine Zeitleiste für eure Klasse herstellt. Nachdem ihr Kapitel 2 bearbeitet habt, könnt ihr eine Zeitleiste zu den Epochen der Altsteinzeit, der Jungsteinzeit und der Metallzeit gestalten. Einige Ergebnisse zu den Merkmalen (Nahrung, Wohnung usw.) sind schon vorgegeben.

Genauso könnt ihr aber auch eine Zeitleiste für eine einzelne Epoche erarbeiten oder diese Zeitleiste um weitere noch zu erarbeitende Epochen ergänzen. Als Materialien braucht ihr Kartonbögen oder Packpapier. Nutzt auch die Möglichkeit, Informationen aus Lexika, Sachbüchern und aus dem Internet heranzuziehen. Gestaltet (zeichnet, schreibt) möglichst viel selbst!

Einführung in die Geschichte – ein Überblick

Epochen in der Geschichte

Historiker ordnen die unendliche Menge von Themen und Quellen mithilfe von Zeitrechnungen. Die Vorgeschichte beginnt mit den Anfängen der Menschheit und endet mit den ersten Funden schriftlicher Überlieferungen (um 3000 v. Chr. im Vorderen Orient; in Mitteleuropa einige Jahrhunderte später). Dann folgt die Antike (bis etwa 500 n. Chr.). Sie umfasst vor allem die griechische und die römische Geschichte.
Das *Mittelalter* steht zwischen Antike und Neuzeit (ca. 500 n. Chr. bis 1500 n. Chr.). Die *Neuzeit* beginnt um 1500 und reicht bis in die Gegenwart.

Spuren unserer Vorfahren

Die ältesten Spuren des Menschen sind rund vier Millionen Jahre alt. Der heutige Mensch (= Jetztzeitmensch oder Homo sapiens sapiens) entwickelte sich allerdings erst vor 200 000 Jahren im warmen Klima Afrikas. Nach Europa kam er vor etwa 40 000 Jahren.

Leben in der Altsteinzeit: Sammeln und Jagen

In der Altsteinzeit, die vor ungefähr zwei Millionen Jahren begann, lebten die Menschen von dem, was die Natur ihnen bot. In die Natur griffen sie kaum ein. Sie sammelten Essbares und jagten Tiere. Sie nutzten als Erste das Feuer und stellten Werkzeuge aus Stein, Knochen und Holz her. In dieser Epoche der Menschheitsgeschichte wechselte das Klima mehrmals zwischen Warm- und Kaltzeiten. Mit dem Ende der letzten Kaltzeit um 9000 v. Chr. ging auch die Altsteinzeit zu Ende.

Leben in der Jungsteinzeit: Ackerbau und Viehzucht

Seit etwa 9000 v. Chr. veränderten die Menschen ihre Lebensweise und wurden sesshafte Ackerbauern und Viehzüchter. Warum sie das machten, ist nicht bekannt. Die jungsteinzeitliche Lebensweise entstand im Vorderen Orient und veränderte als Erste die Natur: Die „Jungsteinzeitler" rodeten Wälder, legten Moore trocken, züchteten Tiere und Pflanzen und siedelten in Dörfern. Ihre Weide- und Ackerflächen dehnten sie auf Kosten der Wälder immer mehr aus. Den Wandel bezeichnen Forscher als „Neolithische Revolution".

Leben in der Jungsteinzeit – ein Rätsel

Im folgenden Text über das Leben in der Jungsteinzeit sind eine Reihe von Buchstaben ausgelassen. Wenn du sie findest und die richtigen Buchstaben nacheinander aufschreibst, erhältst du als Lösungswort einen wichtigen Schritt in der Entwicklung der Menschen.

Auf dem Speisezettel st■nden Erdbeeren, Himbeeren, Brombeeren, Haselnüsse ■nd Walnüs■e, Bucheckern und Eicheln, Kastanien und Äpfel. In Tongefäßen fand man Hirse und Gerste. Diese wurden ■edoch nicht nur geb■cken, sond■rn auch zu Bier ver■oren. Emm■r, Dinkel und Weizen e■gaben Getreidebreie und Flade■brote. Dem grob gemahlenen Korn setzten die Fra■en wohl Lei■samen aus Flachs zu. Man musste sicher gehörig auf ■iesen Fladen herumkauen, die in heißer A■che geb■cken wurden. Öl gewann ■an aus Mohn. Erbsen, Bohnen und Linsen ergänzten den Bedarf an wichtigen Aufbaustoffen. Sicher gab es auch gebratenes, gekochtes und geröstetes Fleisch auf de■ „Mittagstisch". Mit Ho■zspaten und Hack■n, hölze■nen Hauwerkzeugen und S■cheln, dere■ Schneide■ aus gezähnten Feuerstein■n waren, bearbeitete■ die Menschen den Boden. Die Familien lebten zusammen mit Schafen, Ziegen, Schweinen, Rin-

Wir wiederholen zentrale Begriffe und Methoden

Von der Metallzeit zur Industriegesellschaft heute

In der Metallzeit, die im Vorderen Orient im 6. Jahrtausend v. Chr. begann, verarbeiteten Menschen erstmals Metalle, teilten die Arbeit in viele Berufe auf und organisierten einen Fernhandel. In der Metallzeit finden wir erste Spuren unserer Industriegesellschaft, die sich seit der Industriellen Revolution vor etwa 200 Jahren herausgebildet hat. Das Leben in der Industriegesellschaft hat uns viele Vorteile gebracht – zugleich „nagt" es aber an den Grundlagen unserer Existenz: Viele Pflanzen und Tiere sind ausgestorben, Wasser, Boden und Luft verunreinigt. – Wird der Homo sapiens sapiens die Erde für alle bewohnbar halten?

Quellen–Überreste–Traditionen S. 11

Schöpfung S. 14

Archäologin/Archäologe S. 16

Wildbeutertum S. 29

Neolithische Revolution S. 39 f.

Ausgrabungen S. 20 f.

Informationen sammeln S. 32

Ein Rollenspiel organisieren S. 38 f.

dern. Knochen und Ge■eihe von Hirsch, Elch ■nd Reh, Ur und Wisent sowie Zähne von Bä■en und Wölfen zeigen, ■ass die jungsteinzeitlich■n Menschen auf Jagdginge■. Bestimmt trugen sie im Winter stolz den Pelz von Luchs, Dachs oder Wolf. Schön gearbeitete Pfeile, ■ogen aus Eichenholz, Speere, Beilhämmer und Doppeläxte waren ihre Waffen. Die Fr■uen benutzten einfache Geräte zum Spinnen, zum Sp■len des Garns und zum Weben. Sie wollt■n wohl ihre Familie nicht meh■ in Tierfelle kleide■.

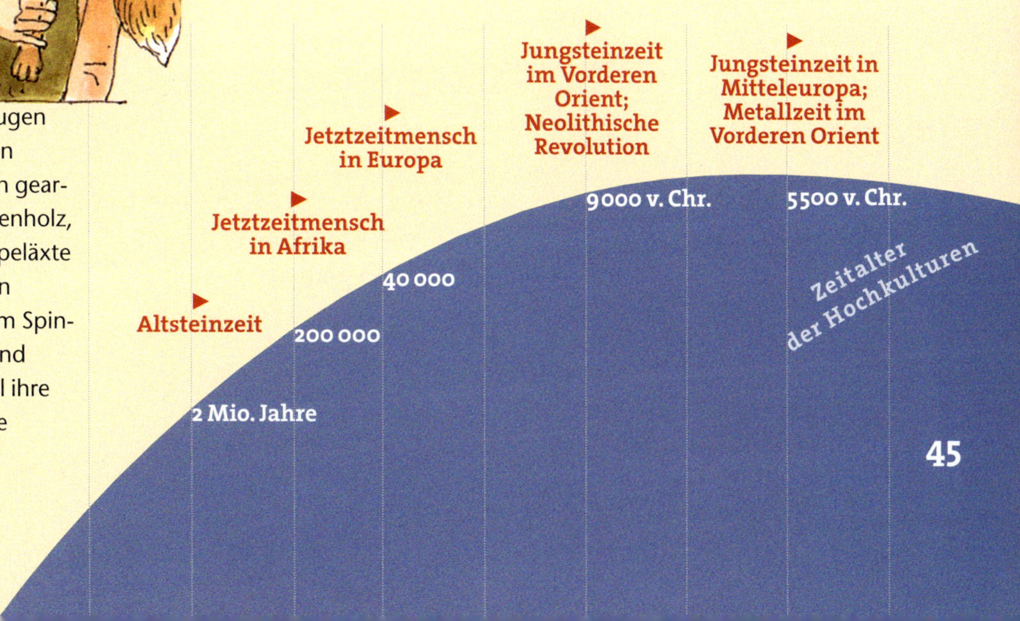

2. Ägypten – eine frühe Hochkultur

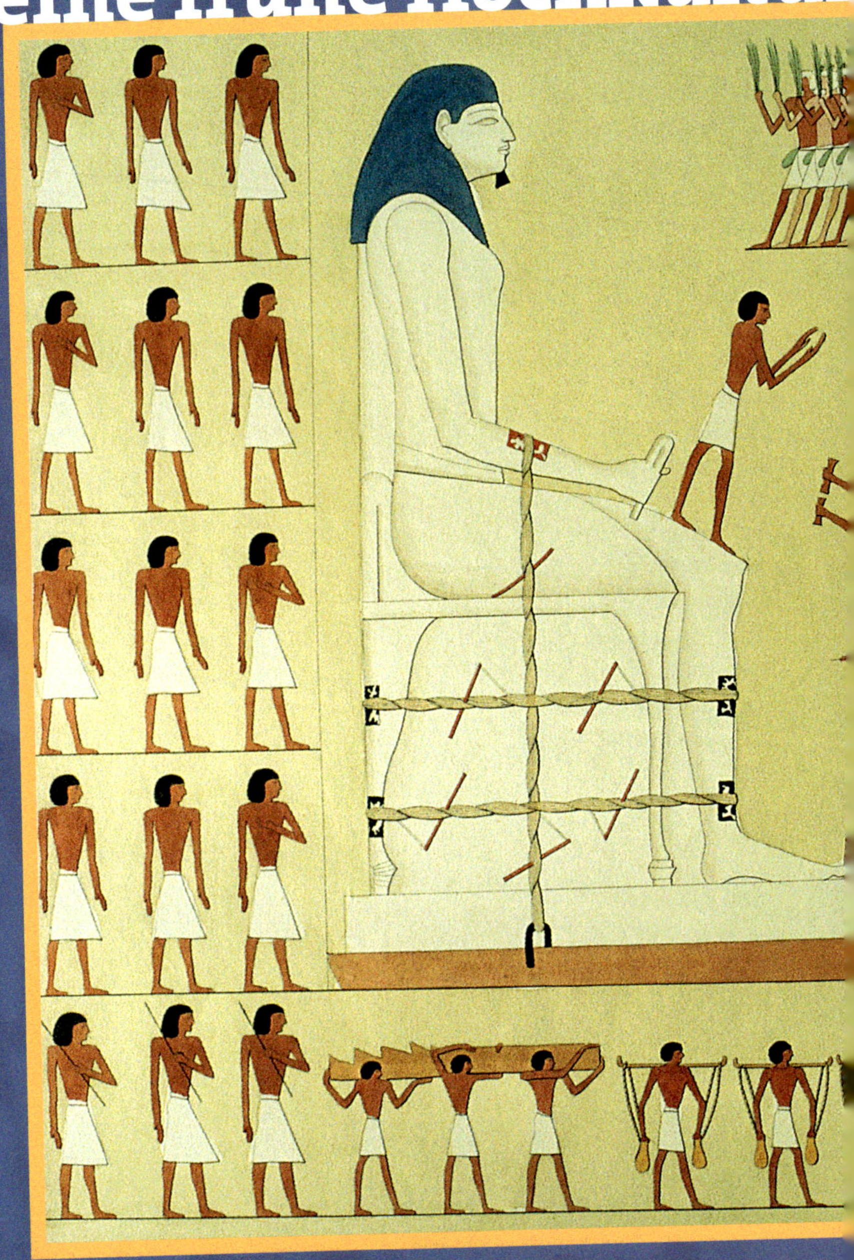

Stellen wir uns vor, der libysche Beduinenjunge Nimrot trifft in Oberägypten das ägyptische Mädchen Nefru. Gemeinsam beobachten sie den Transport einer Statue, von dem uns das Bild einen Eindruck vermittelt.

Nimrot: Warum wirbeln denn hier so viele Menschen umher? Solche Massen kenne ich gar nicht.

Nefru: Die sind alle bei der Arbeit. Sie transportieren die Statue zu unserem Tempel. Und damit alles klappt, müssen alle helfen und jeder hat seine besondere Aufgabe. Schau, da rechts, die vielen Arbeiter. Sie ziehen die Figur.

Nimrot: Und wer sind die Herren da links?

Nefru: Das sind Beamte. Sie führen die Aufsicht und lassen sich dabei von den Soldaten helfen – du siehst sie da hinten in Reih und Glied stehen.

Nimrot: Und wen stellt die große Figur dar?

Nefru: Das ist unser Gaufürst. Er regiert unseren Bezirk und über ihm ist nur noch unser Pharao. Unseren Pharao verehren wir wie einen Gott …

Nimrot: … also so etwas wie unser Stammesältester?

Nefru: Ich weiß nicht, wie das bei euch ist. Aber unser Pharao steht an der Spitze unseres Staates und hat eine Verwaltung und Beamte – solche Herren wie da links eben. Wir brauchen sie, weil bei uns viele Menschen auf dem engen Raum an den Ufern des Nil zusammenleben. Da muss alles gut organisiert sein. Wie auch beim Bau der Pyramiden.

Nimrot: Was sind denn Pyramiden?

Nefru: Die wirst du bei uns auch noch sehen.

Nimrot: Also irgendwie ist das bei euch alles anders …

1 Beschreibe, was auf der Abbildung zu sehen ist und stelle Vermutungen über das Leben der alten Ägypter an. Nimm das Gespräch zwischen Nimrot und Nefru zu Hilfe.

2 Formuliere Fragen, die sich für dich aus der Bildbeschreibung und dem Gespräch ergeben.

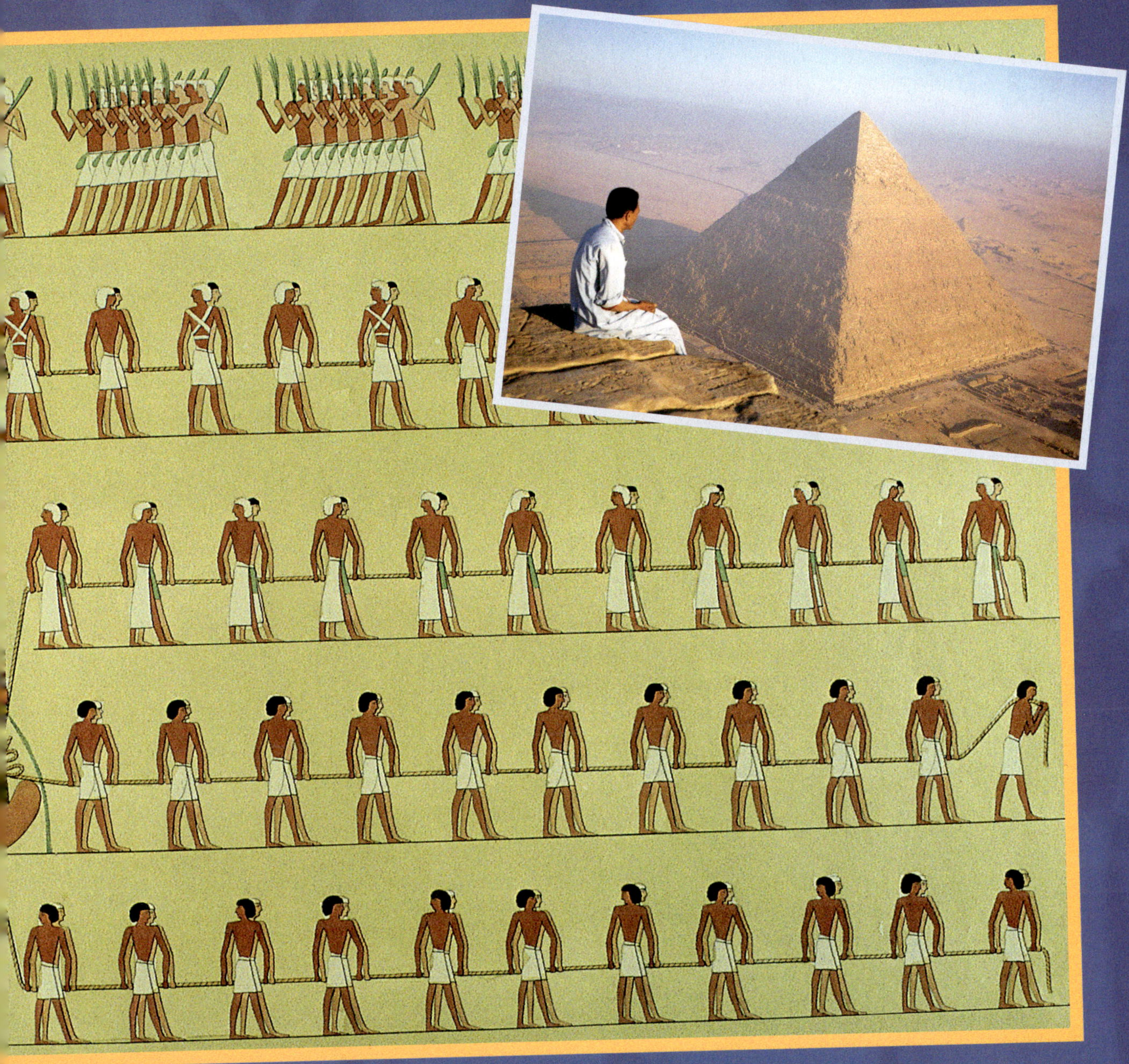

◄ Frühe Hochkulturen in Ägypten und Mesopotamien

◄ Bau der Pyramiden in Ägypten

Der ägyptische Staat gerät ► unter die Herrschaft des Römischen Reiches

3000 v. Chr.

2500 v. Chr.

2000 v. Chr.

1500 v. Chr.

1000 v. Chr.

30 v. Chr.

Staat und Gesellschaft

Der Nil – Leben nach den Regeln des Flusses?

Das Niltal wird besiedelt

Als vor etwa 9000 Jahren die Warmzeit begann, trockneten große Teile Nordafrikas allmählich aus und wurden zur Wüste. Einige Menschen passten sich diesen erschwerten Lebensbedingungen an und lebten mit ihren Viehherden als Nomaden in diesen kargen Gebieten. Die meisten Menschen verließen die Wüste und ließen sich als Bauern an den wasserreichen Ufern des Nil nieder.

Während der Regenzeit im Juni strömten in Afrikas tropischen Gebieten ungeheure Wassermassen zum Nil. In dieser Zeit stieg der Nil um etwa 5 bis 7 Meter. Ende September, wenn er in sein Flussbett zurückgekehrt war, blieb zu beiden Seiten des Ufers eine Schlammschicht zurück. Die Menschen erkannten schnell, dass diese Schlammschicht sehr fruchtbar war und sich besonders gut als Ackerboden eignete. Sie pflügten und wässerten die Äcker, säten Getreide und bauten vielerlei Pflanzen an. Vier Monate später konnten das Korn geschnitten, Linsen, Bohnen, Trauben, Datteln und Feigen geerntet werden. Von März bis Juni lag das Land brach.

Die Höhe der Flut entschied über die „fetten" und die „mageren" Jahre. Oft machte eine zu große Überschwemmung die Ernte zunichte, eine zu geringe hatte eine Hungersnot zur Folge. So konnte der Nil zum Segen, aber auch zum Verhängnis werden.

Um sich von den Unwägbarkeiten des Nil unabhängiger zu machen mussten die Menschen Deiche, Kanäle und Staudämme bauen. Dazu war es notwendig, dass die Ägypter ihr Zusammenleben genau organisierten und die Arbeit untereinander aufteilten.

Im Lauf der Zeit entdeckten die Ägypter, dass es von einer Nilüberschwemmung bis zur nächsten 365 Tage dauerte. Aus dieser Erkenntnis entwickelten sie einen Kalender, der im Prinzip noch heute Gültigkeit hat.

M1 Ägypten, um 1150 v. Chr.

1. Beschreibe mithilfe von M1 und M4, unter welchen Bedingungen die Menschen am Nil lebten.
2. Finde mithilfe des Darstellungstextes heraus, warum sich die Menschen am Nil angesiedelt haben.
3. Wie haben die Ägypter die Regeln des Nil für ihr Überleben genutzt?

M2 **Bauern bei der Bewirtschaftung des Niltales,** Malerei aus dem Grab des Nacht, um 1425 v. Chr.

M3 Der Nil bestimmt das Leben

Ein Lied über den Nil aus dem 2. Jahrtausend v. Chr.:

Sei gegrüßt, Nil, hervorgegangen aus der Erde,
gekommen um Ägypten am Leben zu erhalten!
Herr der Fische, der die Zugvögel stromauf ziehen
lässt, der Gerste schafft und Bohnen entstehen lässt.
Wenn er faul ist, dann werden die Nasen verstopft
und jedermann verarmt.
Wenn er habgierig ist, ist das ganze Land krank,
Große und Kleine schreien.
Beständig an Regeln kommt er zu seiner Zeit
Ober- und Unterägypten zu füllen.
Der die Menschen kleidet mit dem Flachs[1],
der den Webergott seine Erzeugnisse herstellen lässt
und den Salbengott sein Öl.
Alle Erzeugnisse werden aus ihm hervorgebracht.
… Fließe, Nil! Man opfert dir.
Komm nach Ägypten! Auf, Verborgener!
Der Menschen und Tiere am Leben erhält
mit seinen Gaben des Feldes.

Zit. nach Jan Assmann (Hg.), Ägyptische Hymnen und Gebete (Kohlhammer) Zürich 1975, S. 500 ff. Bearb. d. Verf.

1 Pflanze zur Herstellung von Leinen

M4 **Nillandschaft heute,** Foto, 1994

4 Der Nil war Segen und Verhängnis der Ägypter. Begründe dies anhand des Darstellungstextes und M3.

5 Beschreibe die Tätigkeiten und Werkzeuge in M2. Vergleiche die Werkzeuge mit denen der Bauern in der Jungsteinzeit (siehe S. 34/35).

6 Informiere dich anhand eines Lexikons über die Geschichte des Kalenders.

7 Stellt euch vor, die letzte Nilüberschwemmung hat einen großen Teil eurer Ernte vernichtet. Bildet einen Dorfrat und überlegt, wie ihr die Überschwemmung im nächsten Jahr besser in den Griff bekommt.

M1 **Bauern werden bei der Arbeit auf dem Feld von einem Schreiber beaufsichtigt,** Malerei aus dem Grab des Nacht, um 1425 v. Chr.

Der Aufbau der ägyptischen Gesellschaft

M2 **Zwei Sichtweisen – Ein Bauer und ein Schreiber berichten aus ihrem Leben**

Die folgenden Berichte sind frei erfunden. Sie könnten aber, wie wir aus Quellen wissen, um 2500 v. Chr. so ähnlich entstanden sein.

Ein ägyptischer Bauer berichtet aus seinem Leben:

2A Meine ganze Familie arbeitet in der Landwirtschaft. Wir beackern als Pächter das Land, das dem Pharao gehört. Den größten Teil der Ernte müssen wir in den staatlichen Speichern abgeben. In einem guten Jahr können wir zweimal ernten. Schlimm ist es, wenn wir nach einer schlechten Ernte nicht genügend Getreide abliefern können. Dann kann es Prügel vom Aufseher geben oder wir müssen unmenschliche Arbeit in den Bergwerken verrichten – wie die Sklaven. Während der Überschwemmung des Nil sind unsere Äcker überflutet. Dann müssen wir beim Pyramiden- oder Tempelbau mitarbeiten. Unsere tägliche Lebensmittelration bekommen wir in der Zeit vom Staat.

Verfassertext

Ein ägyptischer Schreiber hat Folgendes aufgeschrieben:

2B Nur wenige Menschen bei uns können lesen, schreiben und rechnen. Deshalb sind wir Schreiber sehr angesehen. Wir gehören zur gesellschaftlichen Schicht der Beamten und handeln im Auftrag des Pharaos. Bei der Verwaltung unseres Staates erfüllen wir wichtige Aufgaben: Wir vermessen das Land, kontrollieren die Viehbestände und Getreidevorräte, sorgen für die pünktliche Abgabe der Steuern und halten alles schriftlich fest. Zu unseren Aufgaben gehört es auch, die Arbeit der Bauern auf dem Feld zu beaufsichtigen. Ihnen gegenüber haben wir Macht und Verantwortung. Von unserer Zuverlässigkeit hängt das Wohl des ganzen Landes ab.

Verfassertext

1 Beschreibe die Szenen in M1. Achte besonders auf die Tätigkeiten und die Gegenstände.

2 Überlege, was an M1 über die Stellung der Bauern in der ägyptischen Gesellschaft zu erkennen ist. Notiere deine Überlegungen.

3 Beschreibe anhand von M2 die Tätigkeiten des Bauern und des Schreibers und erkläre, wie sie miteinander zusammenhängen.

4 Vergleiche deine Notizen aus Aufgabe 2 mit den Aussagen des Bauern und des Schreibers aus M2. Gibt es Unterschiede?

5 Stellt euch folgende Situation vor: Der Aufseher behauptet, die Bauern seien träge und faul. Der Bauer behauptet, die Aufseher seien überflüssig. Entwerft Gespräche zwischen beiden und spielt sie durch. Zieht M1 mit heran.

M3 **Arbeiter in einem Kornspeicher,** Modell aus der Zeit um 2200 v. Chr.

Die Ägypter – eine ungleiche Gesellschaft?

Die große Mehrheit der ägyptischen Gesellschaft bestand aus Bauern und Bäuerinnen. Die Landwirtschaft war die Lebensgrundlage der Bevölkerung. Die erwirtschafteten Nahrungsüberschüsse wurden in Vorräten angelegt. Sie sicherten auch das Überleben der Menschen, die nicht in der Landwirtschaft arbeiteten. Dadurch war es möglich geworden, dass sich Menschen auf bestimmte Aufgaben spezialisierten. Handwerker stellten zum Beispiel Geräte für die Landwirtschaft her. Arbeiter und Arbeiterinnen waren in Spinnereien, Webereien, im Hafen, in Speichern und vor allem beim Bau der Kultstätten wie zum Beispiel Pyramiden und Tempel beschäftigt. Architekten und Landvermesser bereiteten den Bau von Tempeln und Pyramiden vor. Mathematiker entwickelten die dafür nötigen Grundlagen der Geometrie. Händler kauften und verkauften Produkte innerhalb und außerhalb des Landes. So entstand eine Arbeitsteilung zwischen Landwirtschaft, Handwerk, Handel und Wissenschaft. Für den Schutz dieser Gruppen und deren Versorgung in Notzeiten, wie zum Beispiel bei Hungerkatastrophen oder in Kriegen, sorgten Menschen in Heeres- und Verwaltungsstellen. Zu ihrer Versorgung mussten Abgaben (Steuern) von den Berufsgruppen geleistet werden, die etwas herstellten. Es entstand eine „Abgaben- und Vorratswirtschaft".

Arbeitsteilung und Kooperation

Arbeitsteilung bezeichnet die Gliederung der Gesellschaft in verschiedene Berufe (zum Beispiel Bauern, Handwerker, Händler). Diese Form des Zusammenlebens bildete sich in Ägypten um etwa 3000 v. Chr. heraus. Sie ist ein typisches Merkmal der frühen Hochkulturen.
Kooperation bezeichnet die planvolle Zusammenarbeit von Menschen um ein bestimmtes Ziel, zum Beispiel die Versorgung der gesamten Gesellschaft mit Lebensmitteln, zu erreichen. Kooperation und Arbeitsteilung gehören eng zusammen.

M4 **Müllerin,** Kalksteinfigur, um 2600 v. Chr. Das Mahlen kleinerer Getreidemengen war grundsätzlich Frauenarbeit.

6 Zeige an M3, inwieweit die ägyptische Gesellschaft von Arbeitsteilung und Kooperation geprägt war. Nimm den Kasten zu Hilfe.

7 Stelle die im Darstellungstext genannten Gruppen und ihre Tätigkeiten zusammen und erkläre, wie gesellschaftliche Unterschiede in Ägypten entstanden sind.

Der Staat, der Pharao und seine Helfer

Die ägyptischen Könige wurden Pharaonen genannt. Pharao bedeutet „großes Haus" und war die ursprüngliche Bezeichnung für den Königspalast. Die Pharaonen standen an der Spitze des Staates, der nach seiner Ausdehnung als Flächenstaat bezeichnet wurde. Die Pharaonen waren für die Bewässerung, die Nahrungs- und Vorratsbeschaffung und den Frieden im Inneren des Landes und nach außen verantwortlich.
So viele Fähigkeiten konnte nach Auffassung der Ägypter nur ein übermenschliches Wesen besitzen. Daraus ergab sich, dass die Ägypter den Pharao als Gott verehrten. Seit etwa 2500 v. Chr. trugen die ägyptischen Könige den Titel „Sohn des Re". Der Gott Re war für die Ägypter der Sonnengott, der die Welt erschaffen hatte und sie beherrschte. Alle Bewohner Ägyptens waren dem Gottkönig untergeben, hatten seinen Weisungen zu gehorchen und damit dem Land einen Dienst zu leisten. Alle waren Untertanen, aber nicht alle waren gleichgestellt.

Herrschaft

Bezeichnung für die Ausübung von Macht über Untergebene und Abhängige. Im ägyptischen Staat bedeutete das zum Beispiel, dass der Pharao die Macht hatte allen Menschen in seinem Reich Befehle zu erteilen. Die Menschen erkannten seine Herrschaft an, weil er eine gottähnliche Stellung hatte.

Staat, Verwaltung

Als Staat wird eine Form des Zusammenlebens bezeichnet, bei der eine Gruppe von Menschen – das Volk – in einem abgegrenzten Gebiet nach einer bestimmten Ordnung lebt. Der ägyptische Staat gilt als einer der ersten Staaten, die wir kennen.
In jedem Staat gibt es Menschen, die den Staat verwalten. Die Verwaltung des ägyptischen Staates übernahmen Beamte. Sie trieben zum Beispiel Steuern ein und überwachten den Bau der Tempel. Auch wir haben eine Verwaltung mit Dienststellen (Behörden) und Staatsbediensteten (Beamte, Angestellte).

M5 **Pharao Tutanchamun.** Ausschnitt aus seinem goldenen Sarkophag, um 1330 v. Chr.
Als Herrschaftszeichen trägt er den Krummstab und die Geißel wie der Gott Osiris.

8 Schildere deinen Eindruck bei der Betrachtung von M5. Worin zeigen sich Macht und Herrschaft? Nimm die Bildlegende zu Hilfe.

9 Untersuche mithilfe des Darstellungstextes, worin sich die Macht der Pharaonen zeigte.

Wie entstand die staatliche Hierarchie?

Die Verwaltung des Landes erforderte unterschiedliche Tätigkeiten, die von Beamten, wie den Schreibern, ausgeführt wurden. Hohes Ansehen genossen Priester und hohe Beamte, die für den Bau und die Verwaltung der religiösen Kultstätten, wie die Tempel, verantwortlich waren. Hatten hohe Beamte auch noch militärische Aufgaben zu übernehmen, gelangten sie oft zu großer Macht. Der höchste Beamte des Staates war der Wesir. Er handelte als Stellvertreter des Pharaos.
Als Lohn für ihre Dienste erhielten die hohen Amtsträger landwirtschaftliche Güter und villenähnliche Wohnanlagen, die ihnen ein luxuriöses Leben ermöglichten. Sie herrschten über Bauern, Arbeiter, Handwerker und die in Ägypten sehr geringe Zahl von Sklavinnen und Sklaven. In Staat und Gesellschaft entstand eine hierarchische Ordnung.

Hierarchie
griechisch: „heilige Herrschaft". Eine Rangfolge oder stufenmäßig aufgebaute Ordnung, in der Befehle von oben nach unten gegeben und von der nächstniedrigeren Stufe ausgeführt werden müssen.

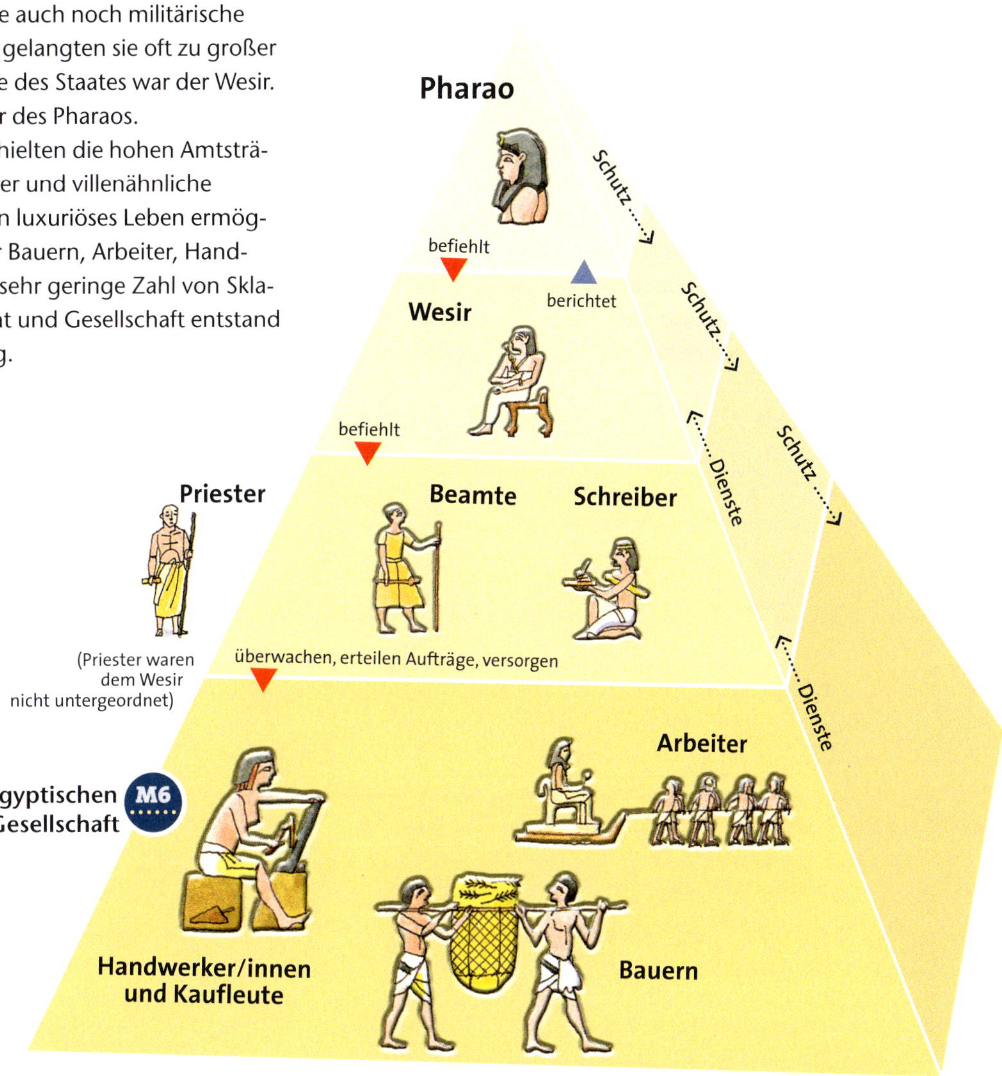

M6 Der Aufbau der ägyptischen Gesellschaft

10 Erarbeite anhand des Darstellungstextes, wie sich eine hierarchische Ordnung im ägyptischen Staat herausgebildet hat. Nimm den Kasten zu Hilfe.

11 Beschreibe M6. Präge dir die gesellschaftlichen Gruppen ein. Berichte deinem Nachbarn, deiner Nachbarin über den Aufbau der Gesellschaft.

12 Fasse den Aufbau der ägyptischen Gesellschaft schriftlich zusammen. Verwende dabei die Begriffe Staat, Verwaltung, Herrschaft und Hierarchie (siehe Kästen).

13 Entwerft und spielt alltägliche Dialoge zwischen Mitgliedern der verschiedenen gesellschaftlichen Gruppen. Nehmt M2 auf Seite 50 zu Hilfe.

Frauen in der ägyptischen Gesellschaft

M1 **Der Zwerg Seneb, Vorsteher der Weberei, mit seiner Frau und seinen Kindern,** Sandstein, um 2250 v. Chr. Die helle Hautfarbe vieler Frauendarstellungen weist darauf hin, dass sich die meisten Frauen mehr im Haus aufgehalten haben als die Männer.

Frauen in der Öffentlichkeit

„Bei ihnen sitzen die Weiber zu Markte und handeln, die Männer aber bleiben zu Hause und weben“, schrieb der griechische Geschichtsschreiber Herodot, als er um 450 v. Chr. Ägypten besuchte. Nirgendwo sonst hatte er Frauen gesehen, die ihm so gleichberechtigt erschienen. Und deshalb kam er zu der Schlussfolgerung, „fast alle Sitten und Gebräuche in Ägypten sind der Lebensweise der anderen Menschen entgegengesetzt“.

Heute wissen wir, dass Herodot richtig beobachtet hatte. Die Frauen im alten Ägypten waren den Männern im gesellschaftlichen und privaten Leben weitgehend gleichgestellt. Frauen vertraten sich vor Gericht selbst und durften eigenes Vermögen besitzen. Sie waren in vielen Berufen vertreten. So arbeiteten sie als Spinnerinnen, Perückenmacherinnen, Tänzerinnen, Richterinnen, Hebammen und vereinzelt auch als Ärztinnen.

Zu öffentlichen Ämtern wurden die Frauen jedoch fast nie zugelassen. Ob es Beamtinnen und Schreiberinnen gab, ist umstritten. Nur in Ausnahmefällen konnten Frauen Priesterin oder Pharao werden. Insgesamt verfügten sie aber über größere Freiheiten als später die Frauen im antiken Griechenland und im Römischen Reich.

Die „Herrin des Hauses“

Nach Auffassung der alten Ägypter war Hausarbeit klar und eindeutig Frauenarbeit. Hausmänner gab es nicht. Die verheiratete Frau trug den begehrten Titel „Herrin des Hauses“. Ihre Aufgabe war es, zuverlässig dafür zu sorgen, dass der Alltag im Haus ihrer Familie reibungslos ablief. Damals wäre niemand auf den Gedanken gekommen diese Form der Arbeitsteilung innerhalb der Familie infrage zu stellen. Besonders in ärmeren ägyptischen Familien mussten die Frauen alle im Haus anfallenden Arbeiten wie Kornmahlen, Brotbacken, Wäschewaschen, Kleidernähen und Schafescheren selbst verrichten. Ihr halfen nur die unverheirateten Töchter und andere nahe weibliche Verwandte.

Andere Möglichkeiten hatten dagegen die Frauen in wohlhabenderen Familien. Sie konnten sich Diener und Dienerinnen für die Hausarbeit leisten, deren Arbeit sie selbst einteilen und beaufsichtigen mussten.

1 Schildere deinen Eindruck von der Darstellung des Ehepaares in M1. Wie ist das Verhältnis zwischen Mann und Frau wiedergegeben?

2 Erarbeite anhand der drei Abbildungen auf dieser Doppelseite, welche Berufe Frauen in Ägypten ausübten. Ziehe auch den Darstellungstext heran.

3 Prüfe anhand des Darstellungstextes, in welchen Berufen die ägyptischen Frauen nicht oder nur selten vertreten waren. Überlege, warum das so war.

4 Erkläre den Begriff „Herrin des Hauses“ anhand des Darstellungstextes.

Hatschepsut – eine Frau wird Pharao

Standbild der Hatschepsut, um 1465 v. Chr. Sie trägt einen künstlichen Bart, ein gestreiftes Königskopftuch und ein Diadem mit einer aufgerichteten Kobra auf der Stirn. Damit war sie die einzige Frau, die sich in der Kleidung der männlichen Pharaonen darstellen ließ.

Nur von drei Frauen wissen wir genau, dass sie Ägypten als Königinnen regiert haben. Eine von ihnen war Hatschepsut, die Erste der Edlen Frauen, wie ihr Name sagt. Sie regierte 22 Jahre von 1490 bis 1468 v. Chr. Nach dem Tod ihres Gemahls Tuthmosis II. übernahm sie die Regierung stellvertretend für ihren minderjährigen Stiefsohn. Nach zwei Jahren ließ sie sich selbst zum „weiblichen Pharao" krönen. Den Begriff Pharaonin gab es bei den Ägyptern nicht. Hatschepsut gab ihrem Sohn das Amt nicht zurück, als er volljährig wurde.
Wir wissen aus Quellen, dass Hatschepsut bei ihrem Volk sehr angesehen war. Ein Regierungsbeamter schrieb nach ihrem Tod über sie: „Das Volk arbeitete für sie und Ägypten neigte das Haupt vor ihr."
Während ihrer Regentschaft gab es keinen Krieg. Stattdessen ließ Hatschepsut Handels- und Erkundungsreisen durchführen. Die bekannteste Expedition* führte in das Land Punt, das heutige Somalia. Von dort brachten ihre Kundschafter kostbare Öle, wohlriechende Hölzer, Gold und Elfenbein mit nach Ägypten.

M2 Ägyptischer Ratschlag für die Männer

Der ägyptische Wesir Ptah-Hotep (2410–2380 v. Chr.) erteilte um 2400 v. Chr. folgenden Rat:

Wenn du weise bist, so behalte dein Heim, liebe deine Frau und streite nicht mit ihr. Ernähre sie, schmücke sie, salbe sie. Liebkose sie und erfülle alle ihre Wünsche, solange du lebst, denn sie ist dein Gut, das großen Gewinn bringt. Hab Acht auf das, was ihr Begehr ist, und das, wonach ihr der Sinn steht. Denn auf solche Weise bringst du sie dahin, es weiter mit dir zu halten. Widersprichst du ihr aber, so wird es dein Ruin sein.

Zit. nach Annette Kuhn (Hg.), Chronik der Frauen, Dortmund (Chronik Verlag) 1992, S. 71. Bearb. d. Verf.

5 Was empfiehlt der Wesir Ptah-Hotep in M2 den ägyptischen Männern? Welche Schlüsse kannst du daraus auf die Stellung der Frauen in der ägyptischen Gesellschaft ziehen?

6 Begründe anhand des Personenkastens, warum Hatschepsut beim Volk sehr angesehen war.

Gabenträgerin aus dem Grab des Mentuhotep, Holz, um 1900 v. Chr. **M3**

Ein Bild als Quelle

Was können Bilder erzählen?
Gemälde, Felszeichnungen, Wandmalereien und Abbildungen auf Gegenständen, z. B. Vasen, sind bildliche Quellen. Sie vermitteln dir eine anschauliche Vorstellung von früheren Zeiten und geben dir einen Einblick in den Alltag, in Gedanken, Wünsche und Ideen der Menschen.

M1 **Bildlegende:** Ein Beamter (wahrscheinlich Userhat selbst) verteilt Lebensmittel an Soldaten. Malerei aus dem Grab des königlichen Schreibers Userhat, um 1400 v. Chr.

Arbeitsschritte Entschlüsselung eines Bildes

Bevor ein Bild zu dir „spricht", musst du dich genau mit ihm beschäftigen.

Beachte: Nicht alle Fragen lassen sich bei jedem Bild beantworten.

Am einfachsten ist es, wenn du in drei Schritten vorgehst:

1. Schritt: Die Einzelheiten des Bildes erfassen
Beschreibe die Einzelheiten des Bildes, indem du folgende Fragen beantwortest:
- Welche Personen sind dargestellt?
- Wie sind sie gekleidet?
- Welche weiteren Gegenstände oder Tiere sind zu sehen?
- Wo befinden sich die Personen und Gegenstände?

2. Schritt: Die Zusammenhänge erklären
Überlege, in welcher Beziehung die abgebildeten Personen, Tiere oder Gegenstände zueinander stehen. Findest du Merkmale, die auf bestimmte Eigenschaften, Beruf, gesellschaftliche Stellung der dargestellten Personen hinweisen?

3. Schritt: Zusätzliche Informationen über das Bild heranziehen
In der Bildlegende findest du wichtige Hinweise. Sie gibt dir Auskunft darüber, wer wann, für wen, warum ein Bild gemalt hat. Manchmal hat das Bild auch einen Titel.
Weitere Fragen lassen sich oft durch eine zusätzliche Textquelle klären.

An dem Beispiel M1 werden nun die drei Schritte erprobt

1. Auf dem Bild sind sieben männliche Personen zu sehen. Die rechte Person ist komplett bekleidet, während die sechs anderen lediglich einen Lendenschurz tragen. Der Mann am rechten Bildrand steht den anderen in aufrechter Haltung gegenüber und hebt die rechte Hand. Die linke Hand umfasst einen Stock. Zwei Männer knien mit gesenkten Köpfen, die anderen vier stehen leicht gebückt und haben gefüllte Säcke in den Händen.

2. Die unterschiedliche Kleidung lässt darauf schließen, dass es sich um Personen aus verschiedenen Gesellschaftsschichten handelt. Die leicht bekleideten Männer mussten vermutlich körperliche Arbeit leisten, während der vollständig bekleidete Mann eher einer höheren Schicht angehört. Diese Vermutung wird durch die Körperhaltung der Personen unterstützt. Die rechte Person zeigt durch die erhobene Hand, den Stock und die aufrechte Haltung, dass sie Macht hat. Die knienden Männer bitten um etwas, die vier anderen drücken durch ihre Körperhaltung Dank aus.
Du weißt bereits einiges über den Aufbau der ägyptischen Gesellschaft (siehe Hierarchiepyramide auf S. 53).
Für die Bildaussage kannst du folgenden Schluss ziehen: Die rechte Person ist ein Beamter, der den Soldaten ihre Lebensmittel zuteilt. Die vier stehenden Soldaten haben ihre Ration bereits bekommen und bedanken sich. Die zwei knienden Männer bitten den Beamten um ihre Zuteilung.

3. Das Bild wurde um 1400 v. Chr. gemalt. Es ist ein Wandgemälde aus dem Grab des Beamten Userhat. Das lässt darauf schließen, dass sich die abgebildete Szene so oder so ähnlich in seinem Leben ereignet hat. Der Künstler ist unbekannt. Bei unserem Beispiel M1 stellt sich die Frage, ob die Versorgung der Soldaten durch die Beamten immer so reibungslos verlief, wie die Abbildung M1 vermuten lässt. Vergleiche deshalb M1 mit der folgenden Textquelle M2:

M2 Beschwerde über einen Beamten

Brief eines Arbeiters von Deir el-Medineh an den Wesir Ta:

Ich teile meinem Herrn mit, dass ich an den Gräbern der Königskinder arbeite, deren Errichtung der Wesir befohlen hatte. Wir Arbeiter sind sehr elend geworden. Alle Sachen für uns, die das staatliche Schatzhaus, die Scheune und das Magazin uns liefern sollten, sind nicht verteilt worden. Nicht leicht ist das Tragen von Steinen! Man hat uns auch die 1 1/2 Sack Gerste fortgenommen um uns stattdessen 1 1/2 Sack Dreck zu geben! Möge mein Herr handeln, sodass wir leben können.

Zit. nach Arne Eggebrecht, Das alte Ägypten, München (Bertelsmann), 1984, S. 219.

1 Arbeite die Schritte zur Entschlüsselung eines Bildes und die anschließende Erklärung durch.
2 Untersuche, welche zusätzlichen Informationen M2 im Vergleich zu M1 enthält und fasse sie zusammen. Achte auf die Arbeitsbedingungen, den Lohn und die Forderung des Arbeiters.
3 Entschlüssele das Bild M3 mithilfe der drei Arbeitsschritte.

M3 **Ägyptische Familien auf dem Nil,** Wandmalerei aus dem Grab des Nacht in Theben, um 1425 v. Chr.

Herrschaft und Religion

Am Tor zum Jenseits

Pyramiden – Häuser für die toten Pharaonen?

Touristen bestaunen auch heute noch die riesigen Pyramiden. Die um 2600 v. Chr. erbaute Cheopspyramide erhebt sich auf einer quadratischen Grundfläche von 230 x 230 Metern und war nach ihrer Fertigstellung 146 Meter hoch (heute 137 Meter). Sie ist damit der größte Steinbau der Welt. Bis heute ist es nicht gelungen, eine Erklärung zu finden, mit welchen Techniken die Ägypter diese gewaltigen Bauwerke vor der Erfindung von Rad und Kran errichtet haben.
Die Geschichtsforscher gehen davon aus, dass sich die meisten Menschen trotz der großen Strapazen freiwillig am Bau der Pyramiden beteiligten. Das wird aber verständlich, wenn man bedenkt, dass die Religion bei den Ägyptern eine große Rolle spielte. So glaubten sie erstens, ihr Leben hinge von der Gunst des göttlichen Pharaos ab, und zweitens, jeder Mensch würde nach dem Tode weiterleben, auch der Pharao. Man blieb also auch nach dem Tod von der Gunst des Pharaos abhängig. Es konnte daher nur gut für das eigene Seelenheil sein, durch Mitarbeit am „Jenseitshaus" des Pharaos ein Stück von dessen Gunst zu erlangen – für das eigene Leben im Diesseits wie im Jenseits.

Pyramide

Die ägyptischen Pyramiden wurden als Grabmäler für die Pharaonen erbaut. Die Cheopspyramide ist mit einer Höhe von heute 137 Metern die mächtigste Steinkonstruktion der Welt. Bisher ist nicht genau geklärt, mit welchen Techniken die Ägypter diese gewaltigen Bauwerke errichtet haben.

Sieben Weltwunder – eine Gruppenarbeit

Informiert euch in Gruppen über die sieben Weltwunder (Lexika, Sachbücher, Internet). Stellt Material zu den einzelnen Wundern zusammen und präsentiert es in der Klasse. Überlegt, was die Menschen der Antike bewegt haben könnte, diese Kunstwerke als Weltwunder zu bezeichen. Diskutiert abschließend, was heutzutage als „Weltwunder" angesehen wird.

M1 **Spurensuche mit moderner Technik.** Mithilfe seines Miniroboters „Upuaut" (zu Deutsch: der, der die Wege öffnet) hat der Techniker Rudolf Gantenbrink das Innere der Cheopspyramide untersucht.

M2 **Bau einer Pyramide**, Rekonstruktionszeichnung, 2001

Die Arbeiter beförderten die Steinblöcke auf dem Nil vom Steinbruch zur Pyramidenbaustelle.

Auf die wachsende Pyramide wurden die Steinblöcke über eine Rampe geschleppt. Mit zunehmender Bauhöhe wurde die Rampe nach außen verlagert.

Zum Abschluss wurde d
platten verkleidet und g
man Holzgerüste.

M3 Der Pharao – Herrscher oder Behüter?

Der griechische Geschichtsschreiber Herodot (um 485–425 v. Chr.) schrieb über den Bau der Pyramide für den Pharao Cheops, der um 2600 v. Chr. lebte:

3A [Cheops] hat alle Ägypter gezwungen, für ihn zu arbeiten. Die einen mussten aus den Steinbrüchen im arabischen Gebirge Steinblöcke bis an den Nil schleifen. Über den Strom wurden sie auf Schiffe gesetzt und andere mussten die Steine weiterschleifen … 100 000 Menschen waren es, die jeweils daran arbeiteten … So wurde das Volk bedrückt und es dauerte zehn Jahre, ehe nur die Straße gebaut war, auf der die Steine dahergeschleift wurden, ein Werk, das mir fast ebenso gewaltig erscheint wie der Bau der Pyramide selbst … Zehn Jahre vergingen also, bis diese Straße und die unterirdischen Kammern auf jener Höhe, auf der die Pyramiden stehen, gebaut waren. Die Kammern sollten seine Grabkammern sein. … An der Pyramide selbst wurde 20 Jahre gearbeitet. Sie ist vierseitig und jede Seite acht Plethren [1 Plethron = 30,83 m] breit und ebenso hoch. Sie besteht aus geglätteten, aufs Genaueste ineinander gefügten Steinen, von denen jeder mindestens 30 Fuß lang ist.

Herodot 2, 124 ff. Zit. nach Geschichte in Quellen, Bd. 1, bearb. von Walter Arend, 3. Aufl., München (bsv) 1978, S. 15.

So wurde der Pharao Ramses II. (Regierungszeit 1290 bis 1224 v. Chr.) von seinem Volk begrüßt:

3B Wir kommen zu dir, Herr des Himmels, Herr der Erde, du lebende Sonne des ganzen Landes, Herr der Lebensdauer, du Sonnengott der Menschheit, du Säule des Himmels, du Balken der Erde. Herr vielfacher Speisung. Du, der wacht, wenn alles schläft, dessen Kraft Ägypten errettet, der über die Fremdländer siegt und triumphierend heimkehrt, dessen Stärke Ägypten schützt. Geliebter der Wahrheit, der in seinen Gesetzen in ihr lebt, dessen Schrecken die Fremdländer weichen lässt, du, unser König, unser Herr.

Zit. nach Gottfried Guggenbühl (Hg.), Quellen zur Geschichte des Altertums, Zürich 1964, S. 16. Bearb. d. Verf.

Lesetipp

David Macaulay, Wo die Pyramiden stehen, Düsseldorf (Patmos) 2002.

Mit interessanten Texten und Zeichnungen gibt der Autor Informationen zum Pyramidenbau und regt zum Weiterforschen an.

1. Vollziehe den Pyramidenbau mithilfe von M2 nach.
2. Erarbeite anhand von M3A, wie Herodot den Pyramidenbau beschreibt. Welche Meinung vertritt er?
3. Überlege, warum die Ägypter die Strapazen beim Bau der Pyramiden auf sich nahmen. Vergleiche deine Annahmen mit M3B.
4. Beschreibe mithilfe von M1 den Einsatz moderner Technik bei der Spurensuche in Ägypten.
5. Stell dir vor, du bist ein ausländischer Reporter, der im Jahr 2650 v. Chr. den Bau der Cheopspyramide beobachtet und Interviews mit den Helfern auf der Baustelle führt. Schreibe einen Bericht über den Bau und die Bedeutung der Pyramiden.

ramide mit Stein-
ättet. Dabei benutzte

Der Querschnitt durch die Cheopspyramide zeigt die drei Grabkammern sowie die Gänge und Luftschächte.

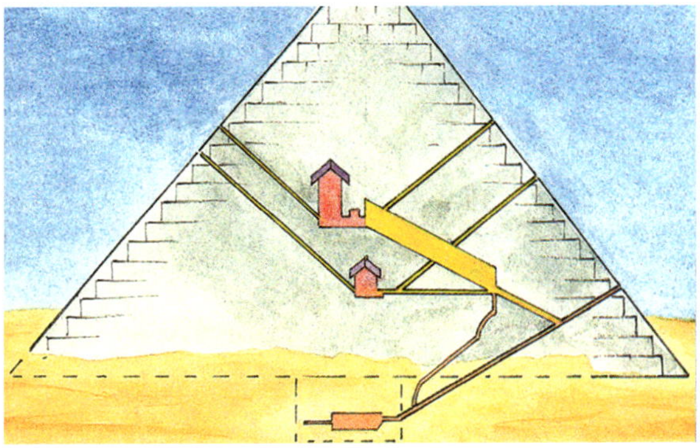

Die Cheopspyramide, erbaut um 2600 v. Chr. Die Außenverkleidung ist im Laufe der Jahrtausende zerstört worden.

Leben nach dem Tod? – Die Religion der Ägypter

Die Anzahl der Götter, die von den Ägyptern verehrt wurden, war sehr groß. Viele Erscheinungen der Natur galten als göttlich: die Sonne, der Mond, die Sterne, ebenso viele Tiere, deren Fähigkeiten als göttlich bewundert wurden, so das Krokodil, der Skarabäuskäfer oder der Falke. Neben den Göttern in Tiergestalt gab es auch solche mit Menschengestalt; häufig vermischten sich Tier- und Menschengestalt.
Unter den vielen Göttern und Göttinnen der Ägypter wird in der neueren Forschung eine Göttin besonders hervorgehoben: die Maat (sprich: Ma-at). Dargestellt wurde sie als zierliche Göttin mit einer Straußenfeder auf dem Kopf. Maat steht für Wahrheit, Gerechtigkeit und Ordnung. Herr der Maat war der Schöpfer- und Sonnengott Re. Da der König seit etwa 2500 v. Chr. als Sohn des Re galt, hatte er auch einen direkten Anteil an der Maat. Seine Aufgabe war es vor allem, das Schlechte zu vertreiben und die Maat zu verteidigen. Ging es dem Land und den Menschen gut, war das ein Zeichen von starker Maat, schlechte Zeiten bedeuteten wenig oder schwache Maat.
Auch das Leben des Einzelnen wurde von der Maat bestimmt. Grabinschriften lauten zum Beispiel: „Ich habe gemäß der Maat gehandelt. Ich habe dem Hungrigen Brot gegeben. Ich habe meinem Vater Respekt entgegengebracht." Dauerhaften Bestand hatte nach dieser Auffassung nur, was der Maat entsprach. Diese Vorstellung von der Maat ist auch im Totengericht wiederzufinden. Zur Vorbereitung darauf wurden den Toten Sprüche und Bilder auf oft meterlangen Papyrusrollen mit auf den Weg gegeben. Einfache Leute – und das waren die meisten – mussten sich allerdings ohne solche Jenseitsführer auf den Weg machen.

Herz gegen Feder – das Totengericht für den Schreiber Hunefer

Unter den überlieferten Bilddarstellungen gehört das Totengericht des Schreibers Hunefer in M4 zu den bekanntesten Überlieferungen. Hunefer kniet vor 14 sitzenden Göttern und erzählt aus seinem Leben. In der zweiten Szene wird Hunefer zur Waage geführt. Die dritte Szene zeigt, wie der Verstorbene zu Osiris gebracht wird.
In das Reich der Toten konnte er erst aufgenommen werden, wenn er eine Vielzahl von Unschuldsbeteuerungen abgegeben hatte wie: „Ich habe kein Unrecht gegen Menschen begangen. Ich habe keine Tiere misshandelt. Ich habe keinen Gott beleidigt. Ich habe nicht Schmerz zugefügt. Ich habe keine Tränen verursacht. Ich habe nicht getötet. Ich bin rein, ich bin rein, ich bin rein."

Hunefer: durchläuft nach seinem Tod die Prüfungen des Totengerichts (1)
Anubis: mit dem Kopf eines Schakals, bereitet den Verstorbenen für den Eintritt in das Totenreich vor (2)
Ammit: mit dem Krokodilkopf, verschlingt den Verstorbenen, falls dieser die Prüfung nicht besteht (3)
Maat: Die Feder der Maat liegt auf der Waage. Das Herz des Verstorbenen muss leichter sein als die Feder, wenn er die Prüfung bestehen soll (4)

Das Totengericht des Schreibers Hunefer, Papyrus, um 1300 v. Chr.
M4

6 Erkläre die Bedeutung des Begriffes Maat. Zeige, wie auch das Leben des Einzelnen von der Maat bestimmt war.

7 Überlege anhand von M4, wie sich dort die Vorstellungen der Ägypter von Hierarchie widerspiegeln.

8 Beschreibe die einzelnen Phasen des Totengerichts. Nimm den Darstellungstext „Herz gegen Feder" und M4 zu Hilfe.

9 Formuliere, welchen Eindruck die Totenbarke (M5) beim Betrachter hinterlässt. Überlege, wodurch dieser Eindruck vermittelt wird.

M5 **Totenbarke,** Holz, um 2100 v. Chr. Mit Begräbnisschiffen wurden die Mumien reicher Ägypter zu ihren Gräbern auf die Westseite des Nils gefahren.

Thoth: mit dem Ibiskopf, Sekretär der göttlichen Handlung mit Schreibtafel und Schreibrohr (5)
Horus: mit Falkenkopf, führt den Verstorbenen vor den Thron des Osiris zur Urteilsverkündung (6)
Osiris: Herrscher des Jenseits, mit der Doppelfederkrone, Götterbart, Krummstab und Geißel als Herrschaftszeichen (7)
Isis: galt als ideale Ehefrau und Beschützerin der Kinder (8)
Nephthys: Herrin des Hauses, schützt Sarkophage (9)

Technik und Wissenschaft

M1 **Bronzeherstellung in Ägypten,** Umzeichnung der Malerei aus dem Grab des Rechmire in Theben, 1996

Technischer Fortschritt – eine Fabrik im alten Ägypten

M2 Bronze für den Pharao

Bisher gingen die Geschichtswissenschaftler davon aus, dass es in Ägypten sehr kleine Handwerkerbetriebe gegeben hat. Neue Ausgrabungen zeigen, dass die ägyptische Technik sehr weit entwickelt war. Der Journalist Joachim Fritz-Vannahme schrieb 1996 in dem Artikel „Die Metallurgen des Pharaos“:

Wie viele Handwerker des Pharaos passen auf ein altägyptisches Relief? Ein gutes Dutzend (zwölf) vielleicht, gewiss nicht viel mehr, denn sonst fehlt es einfach an Platz auf den ältesten Bildergeschichten der Welt. Auf der Malerei des Rechmire in den Jahren nach 1450 v. Chr. schüren und belüften kräftige Männer im Lendenschurz die Flamme, wuchten die Schmelztiegel und die Topfgebläse, beugen sich über Erz, Schlacke und Holzkohle, senken den Tiegel mit Rutenzangen ins Feuer und gießen endlich die Schmelze in die Gussform. Von rechts rollt der Nachschub, dazwischen durcheilen die Gießmeister die Szene. Und am Rande wacht der Boss in Schreibertracht, Meister Rechmire persönlich.

Eine Grabungsmannschaft des Hildesheimer Pelizaeus-Museums wirft nun ein neues, überraschendes Licht auf das antike Verfahren des Metallgusses. Die ruhigen Bilder vom Handwerkerfleiß erzählen gewiss eine wahre Begebenheit – und täuschen doch sehr. Denn im Nildelta, in der Ramsesstadt Pi-Ramesse, glühten die Öfen im großen Stil.

„Unsere Ausgrabungen in der Ramsesstadt haben die größte Anlage zur Metallverarbeitung freigelegt, die wir bislang aus der Antike kennen“, begeistert sich Grabungsleiter Edgar Pusch.

„Das hatte geradezu industrielle Dimensionen[1]. Hier wurde im straff organisierten Großbetrieb geschuftet … Wir müssen unser Wissen von den kleinen, feinen Handwerksbetrieben jetzt durch die Vorstellung einer Metallbearbeitung von riesigen Mengen ergänzen.“

Das Hildesheimer Grabungsteam geht nach den Funden der vergangenen Jahre von einer Gießerei mit mindestens 30 000 Quadratmeter Fläche aus. Wie Kanäle dehnten sich die Feuerstellen und Schmelzbatterien auf 15 Meter Länge, eine Reihe neben der anderen. Nebenan auf diesem Gelände fanden sich Reste von Kreuzöfen, in denen offenbar Großgussformen hergestellt wurden. „In diesen Werkstätten konnte weit über eine Tonne Bronze pro Tag verarbeitet werden“, berichtet Pusch. „Das hätte genügt um Türen vom Volumen eines Domportals innerhalb eines einzigen Tages herzustellen.“

Joachim Fritz-Vannahme, Die Metallurgen des Pharaos, in: Die Zeit vom 05. 04. 1996, S. 33.

1 Ausmaße

1 Beschreibe anhand von M1 und M2 die Technik der Bronzeherstellung.
2 Die Fläche der Gießerei wird mit 30 000 Quadratmetern angegeben (M2). Vergleiche sie mit der Größe der Klasse, des Schulhofs, einer Wohnung, eines Fußballplatzes.
3 Stelle mithilfe von M2 fest, wie sich unser bisheriges Wissen von der ägyptischen Metallproduktion durch die neuesten Ausgrabungen verändert hat.
4 Nenne Bereiche hoch entwickelter Technik in der Gegenwart.

M3 **Restaurierungsarbeiten in einer ägyptischen Grabkammer,** Foto, 1997. Wandmalereien geben Auskunft über den Alltag und die Religion der Menschen. Durch neue Ausgrabungen wissen wir, dass die ägyptische Technik sehr weit entwickelt war.

Technik und Wissenschaft

M4 **Industrielle Großproduktion**, Zeichnung, 1999. In der Ramsesstadt Pi-Ramesse wurde die größte Produktionsanlage für Metall entdeckt. An sechs Schmelzbatterien und vier Brennöfen wurde tonnenweise Bronze produziert.

Gold – das Fleisch der Götter

Neben der Bronze war vor allem das Gold bei den reichen Ägyptern sehr begehrt. Goldminen im eigenen Land sorgten für Nachschub. Sein Glanz und seine Unvergänglichkeit verhalfen dem Gold zu hohem Wert. Wer Gold besaß, hatte in der ägyptischen Gesellschaft hohes Ansehen. Es wurde mit der Sonne gleichgesetzt. Die Ägypter glaubten, das Fleisch der Götter sei aus Gold. So war es mit dem Gedanken der Unsterblichkeit verbunden. Die Bedeutung des Goldes zeigt sich auch in den 110 Kilogramm reinen Goldes, die zur Verarbeitung und Innenausstattung des Sarkophages des Pharaos Tutanchamun (siehe S. 52) verwendet wurden.

M5 **Goldener Armreif mit großem Skarabäus**, um 1330 v. Chr. Diese Käfer wurden als heilige Tiere verehrt.

Hightech am Nil – einen Vortrag halten

Du hast auf den Seiten 62–64 viel über die Herstellung und Verwendung von Bronze und Gold bei den alten Ägyptern erfahren.

a) Halte einen kleinen Vortrag zum Thema „Bronzeherstellung in Ägypten“. Bereite dich vor, indem du dir anhand der Materialien M1, M2 und M4 Notizen machst.

b) Informiere dich mithilfe von Lexika und Sachbüchern über die Gewinnung und Verarbeitung von Gold. Ziehe die Karte S. 48, M1 und den Darstellungstext auf dieser Seite hinzu und berichte in der Klasse.

Mumien – Körper für die Ewigkeit

Mumifizierung – eine Wissenschaft für sich

Um 4000 v. Chr. bestatteten die Ägypter ihre Verstorbenen in einfachen Gruben im trockenen, salzhaltigen Wüstensand. Die Folge war, dass die Leichen austrockneten und auf natürliche Weise erhalten blieben. Für die ärmeren Menschen blieb es bei dieser „natürlichen Mumifizierung". Als die reichen Ägypter ab etwa 2500 v. Chr. dazu übergingen, ihre Toten aufwändiger in Holzsärgen zu bestatten, gab es keinen direkten Kontakt mehr zwischen der Leiche und dem Wüstensand. Die Folge war, dass der Körper Feuchtigkeit anzog und die Leiche schneller verweste.
Die Ägypter waren davon überzeugt, dass ein Verstorbener im Jenseits ein Leben weiterführte, das dem auf Erden glich. Deshalb war es wichtig, dass der Körper erhalten blieb. Die Seele, die nach der Vorstellung der Ägypter den Körper beim Tod verlässt, konnte so zurückkehren. Dieser tief verwurzelte Glaube führte zur Entstehung wohl durchdachter Begräbnisrituale wie z. B. der Mumifizierung. Kein Volk der Erde hat diese Wissenschaft so weit entwickelt wie die Ägypter.

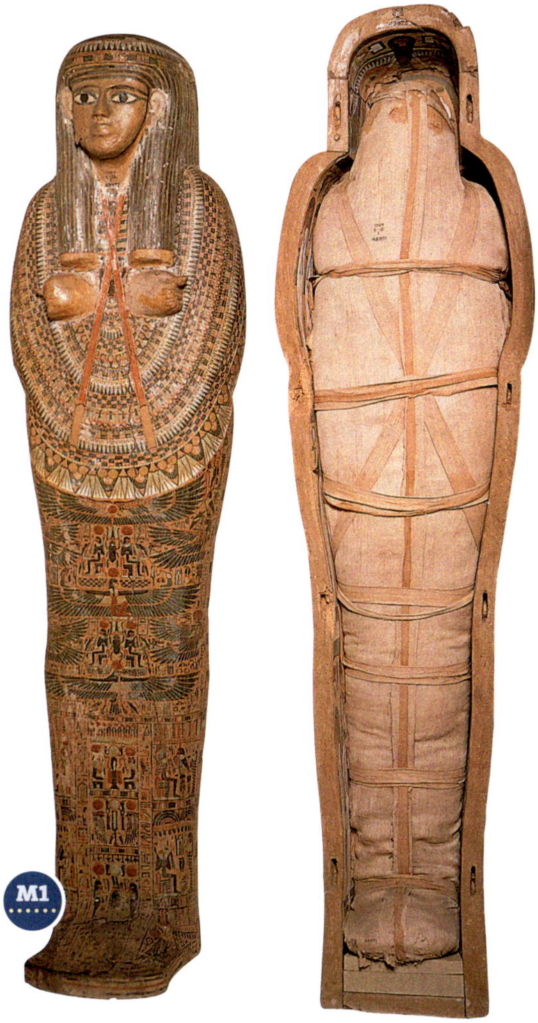

Geöffneter Mumiensarg, um 1000 v. Chr. **M1**

M2 Die Technik der Mumifizierung

Der griechische Geschichtsschreiber Herodot (um 485–425 v. Chr.) berichtete nach der Rückkehr von einer Reise aus Ägypten über die Mumifizierung:

Es gibt besondere Leute, die dies berufsmäßig tun. Zu ihnen wird die Leiche gebracht … Zuerst wird mit einem gekrümmten Eisendraht das Gehirn durch die Nasenlöcher herausgezogen, teils auch mittels eingegossener Flüssigkeiten. Dann macht man mit einem scharfen Stein einen Schnitt in die Leiche und nimmt die Eingeweide heraus. Sie werden gereinigt, mit Palmwein und dann mit zerriebenen Gewürzen durchspült. Dann wird der Magen mit reiner geriebener Myrrhe, mit Zimt und mit anderen Gewürzen … gefüllt und der Bauch zugenäht. Nun legen sie die Leiche siebzig Tage ganz in eine Salzlösung … Sind sie vorüber, so wird die Leiche gewaschen, der ganze Körper mit Streifen von Leinwand umwickelt und mit Gummi bestrichen, was die Ägypter anstelle von Leim zu verwenden pflegen. Nun holen die Angehörigen die Leiche ab, machen einen hölzernen Sarg in Menschengestalt und legen die Leiche hinein.

Zit. nach Hans W. Haussig (Hg.), Herodot. Gesamtausgabe, Stuttgart (Kröner) 1955, 2. Buch, S. 86. Bearb. d. Verf.

1 Beschreibe M1. Überlege, wie sich an der Art der Bestattung die gesellschaftlichen Unterschiede zeigten. Nimm den Darstellungstext zu Hilfe.
2 Beschreibe mithilfe von M2 die Schritte einer Mumifizierung.
3 Erkläre anhand des Darstellungstextes, warum die Mumifizierung für die Ägypter eine so große Bedeutung hatte. Ziehe auch den Darstellungstext S. 60 heran.

Schrift und Schreiber in Ägypten

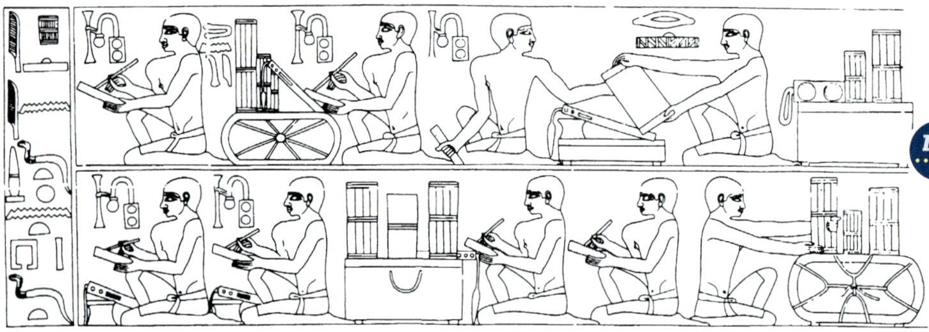

M1 Ägyptisches Schreibbüro aus dem Grab des Beamten Ti, um 2450 v. Chr., Umzeichnung

Die Hieroglyphenschrift

Die ältesten Schriftzeichen stammen wahrscheinlich aus Ägypten. Sie bestehen aus kleinen Bildern und Symbolen. Sie sind bis heute an Wänden von Tempeln und Gräbern erhalten. Die Griechen, die die Bedeutung dieser Schrift nicht kannten, nannten sie „Hieroglyphen", das heißt so viel wie „heilige Einritzung".
Am Anfang benutzten die Ägypter Bilder, wenn sie etwas ausdrücken wollten, z. B. ein Eulenbild für Eule, ein Wasserbild für Wasser. Die Hieroglyphen wurden im Laufe der Zeit auch als Lautzeichen verwendet. Sie drückten eine bestimmte Silbe aus. Ein Wort konnte also aus einem einzigen Bildzeichen oder aus mehreren Lautzeichen bestehen. Mit der Zeit entwickelten die Ägypter mehrere tausend Hieroglyphen. Im Alltag verwendeten sie eine vereinfachte Schrift, die sie mit Pinsel und Tinte auf Papyrusblätter schrieben.
Die Bedeutung der Hieroglyphen war für Geschichtsforscher lange ein Rätsel. Erst 1822 gelang es dem Franzosen François Champollion, sie zu entziffern. Auf einem Stein aus dem Nildelta aus dem Jahr 196 v. Chr. entdeckte er einen gleich lautenden Text, der in Hieroglyphen und der bekannten griechischen Sprache geschrieben war. So konnte er die Hieroglyphen übersetzen.

Die Schreiber

Nur wenige Ägypter konnten lesen und schreiben. Die Ausbildung zum Beruf des Schreibers war hart und eintönig. Sie begann im 5. Lebensjahr und dauerte etwa 12 Jahre. Zugelassen waren Kinder aller Bevölkerungsschichten, Mädchen besuchten die Schreiberschulen selten, weil sie für die Hausarbeit ausgebildet wurden. Häufig waren es die Söhne von Schreibern, die diesen Beruf ergriffen. Die Schreiber waren in der ägyptischen Gesellschaft sehr angesehen. Nur diejenigen, die lese- und schreibkundig waren, konnten Beamte oder Priester werden (siehe S. 50, M2B).

Warum brauchten die Menschen eine Schrift?

Die Menschen, die in vorgeschichtlicher Zeit zusammenlebten, brauchten keine Schrift. Da sie in kleinen, in sich abgeschlossenen Gruppen zusammenlebten, war es nicht notwendig, Nachrichten zu schicken. Berichte über Ereignisse wurden in einem Dorf schneller mündlich weitergegeben. Erst als sich um etwa 3000 v. Chr. größere Gemeinschaften bildeten, begannen die Menschen wichtige Dinge schriftlich festzuhalten. Nur so konnten sie Nachrichten in alle Landesteile verbreiten, Listen über Ernteerträge erstellen, Hochwassertermine in einem Kalender festhalten und die Taten ihrer Herrscher an die kommende Generation weitergeben. Die Schrift war eine wichtige Voraussetzung für die Verwaltung eines Staates.

Stille Post – eine Nachricht weitergeben

Eine Schülerin oder ein Schüler gibt die nachfolgende Nachricht flüsternd an einen Tischnachbarn weiter, dieser an den nächsten usw. Tragt die Nachricht am Schluss laut vor:
„Das Dorf Amsira benötigt ab der kommenden Woche 85 erwachsene Männer für den Tempelbau in Luxor. Jeder Arbeiter bekommt täglich ein Brot, drei Fische, zwei Kannen Bier und fünf Datteln als Lohn."
Überlegt, welche Bedeutung Schrift für das Zusammenleben von Menschen hat.

M2 **Hieroglyphenschrift in einem Grab,** Opferplatte der Nefertiabet, Kalkstein, um 2600 v. Chr. Die Königstochter Nefertiabet sitzt vor einer Opfertafel mit vielen Broten. In Hieroglyphenschrift werden die Dinge genannt, die die Verstorbene zu einem Weiterleben im Jenseits benötigt.

M3 Die Stellung des Schreibers in der ägyptischen Gesellschaft

Ratschläge eines Schreibers für seinen Sohn um 2000 v. Chr.:

Kaum hat ein Schriftkundiger angefangen heranzuwachsen – er ist noch ein Kind –, so wird man ihn grüßen und als Boten senden; er wird nicht zurückkommen um sich in den Arbeitsschurz zu stecken. Einen Bildhauer kann man nicht als Boten sehen, noch einen Goldschmied, der ausgeschickt würde. Ich habe den Erzarbeiter bei seiner Arbeit beobachtet, an der Öffnung seines Schmelzofens. Seine Finger sind krokodilartig, er stinkt mehr als Fischlaich … Der Steinmetz graviert mit dem Meißel in allerlei harten Steinen. Hat er die Arbeit vollendet, so versagen ihm seine Arme und er ist müde; wenn er sich abends hinsetzt, sind seine Knie und sein Rücken gebrochen. Der Barbier schert noch spät am Abend … Siehe, es gibt keinen Beruf, in dem einem nicht befohlen wird, außer dem des Beamten; da ist er es, der befiehlt. Wenn du schreiben kannst, wird dir das mehr Nutzen bringen als alle die Berufe, die ich dir dargelegt habe.

Zit nach Friedrich Wilhelm v. Bissing, Altägyptische Lebensweisheiten, München (Artemis) 1955, S. 57 ff.

1 Beschreibe M1 und erarbeite, was die Abbildung über die Bedeutung von Schrift und Schreibern im alten Ägypten aussagt.

2 Mit welchen Argumenten versucht der Verfasser von M3 seinen Sohn vom Schreiberberuf zu überzeugen? Was kannst du daraus für das Ansehen des Schreibers in der ägyptischen Gesellschaft ableiten?

3 Trage mithilfe des Darstellungstextes und M2 zusammen, wozu die Schrift im alten Ägypten notwendig war.

4 Erstelle eine Tabelle mit den technischen und wissenschaftlichen Errungenschaften der Ägypter. Nenne in einer Spalte die jeweilige Bedeutung für die Bewältigung des ägyptischen Alltags. Nimm die Seiten 62 bis 67 zu Hilfe.

Schreiben – auf Stein und Papier

Eine Hieroglypheninschrift herstellen

Die Menschen im alten Ägypten verwendeten die unterschiedlichsten Schreibmaterialien. Wir kennen Inschriften auf Ton, Leder, Holz, Stoff und Papyrus (siehe M2). Am häufigsten sind Einritzungen auf Stein, zum Beispiel in Tempeln und Grabmalen, überliefert. Eine solche Inschrift kannst du dir selber ersatzweise auf Gips herstellen.

Diese Materialien benötigst du:

- Modellgips
- eine Schachtel aus Pappe oder Kunststoff
- ein Stück feste Plastikfolie
- Papier und Bleistift
- Ritzwerkzeug (Schere oder Nagel)
- Pinsel
- Deckfarben

Arbeitsanleitung:

1. Schritt: Verrühre 1 Teil Wasser und 2 Teile Gips zu einem Brei.
2. Schritt: Gieße den Brei in die mit Folie ausgelegte Form.
3. Schritt: Während der Gips trocknet (ca. 30 Minuten), schreibst du auf einem Blatt Papier mithilfe des Hieroglyphenalphabets deinen Namen.
4. Schritt: Wenn der Gips durchgehärtet ist, nimmst du ihn vorsichtig aus der Form und legst ihn mit der glatten Seite nach oben. Übertrage nun mit einem feinen Bleistift deinen Namen auf den Gips.
5. Schritt: Ritze die Bleistifthieroglyphen mit dem Ritzwerkzeug vorsichtig nach.
6. Schritt: Säubere die Vertiefungen mit dem Pinsel und male die Hieroglyphen mit Deckfarbe an.

M1 **Ein Hieroglyphenalphabet**, Zeichnung, 1996

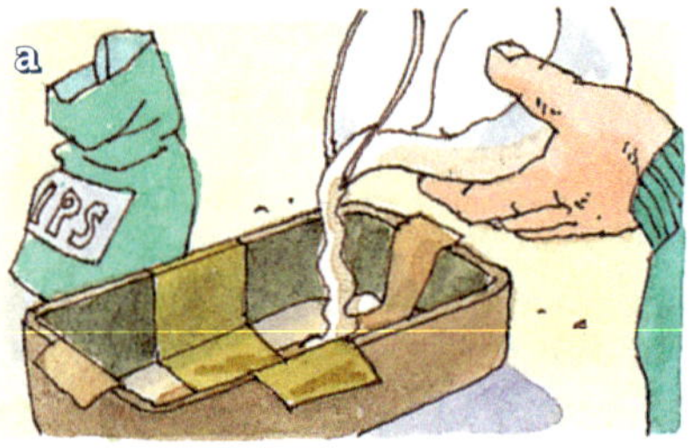

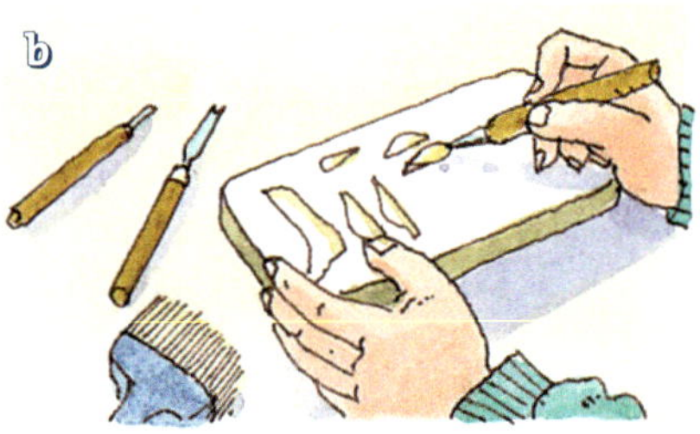

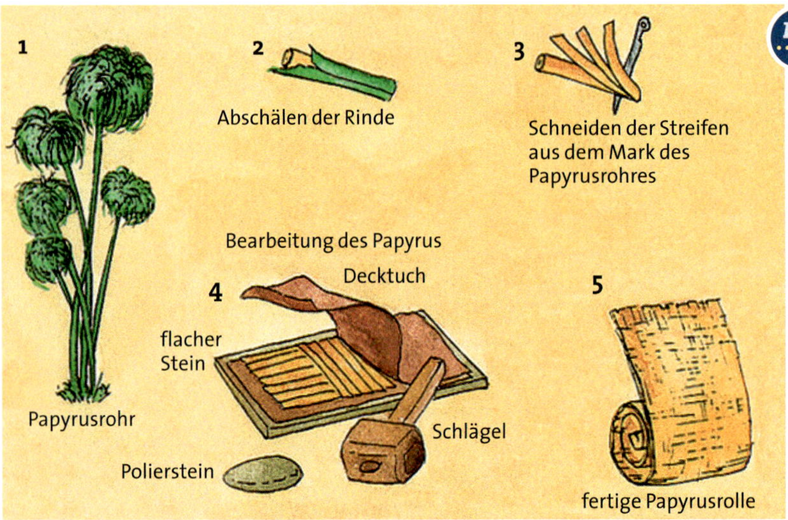

M2 **Papyrusherstellung**, Zeichnung, 1995. Papyrusstauden wachsen auch heute noch an den Ufern des Nil. Aus ihnen gewannen die alten Ägypter den Rohstoff für die Papyrusblätter. Und so wurden sie hergestellt: Die Rinde des Stängels wird entfernt und das Mark in feine Streifen geschnitten. Die Streifen werden kreuzweise übereinander gelegt. Durch das Klopfen mit dem Schlägel entweicht ein klebriger Saft, der die Streifen zusammenhält. Zum Schluss werden die Blätter zu einer Schriftrolle zusammengeklebt.
Papyrus ist ein sehr haltbares Material. Die ältesten erhaltenen Papyrusrollen sind etwa 5000 Jahre alt.

Mesopotamien – Land der Hochkulturen

M1 Das Leben der Sumerer

Die Sumerer waren das erste Volk, das in Mesopotamien zwischen den Flüssen Euphrat und Tigris sesshaft wurde und ab etwa 3000 v. Chr. eine Hochkultur bildete. Die folgende erfundene Geschichte beschreibt, wie sich das Leben in Uruk, der mächtigsten Stadt der Sumerer, um 2900 v. Chr. abgespielt haben könnte:

Wenn die kurze Dämmerung sich über das weite, flache Land am Euphrat legt, kehren die Tempelherden unter den Rufen der braunen, nackten Hirten heim. Die von den Herden aufgewirbelte Staubwolke verdüstert den Gang durch Uruks Stadttor und wallt über den Rinderpferch des Inanna[1]-Heiligtums. In das Blöken und Meckern des Kleinviehs mischt sich das Brüllen der Kühe. Sie warten auf die Gerste, die ihnen aus den Tempelscheunen als Abendfütterung hingebreitet wird. Das Tagewerk der Tempelhirten ist beendet und sie drängen sich zur Ausgabestelle um ihre Rationen an Bier und Brot in Empfang zu nehmen.

Auf den Straßen der Wohnquartiere von Uruk ist jetzt vielerlei Leben. Tischler, Grob- und Feinschmiede, Töpfer und Steinmetze treten von ihren Werkstätten kommend aus den Tempelportalen und gehen schwatzend durch die engen Gassen nach Hause. Die Frauen in geschürzten Wollkitteln holen in großen Tonkrügen Wasser vom Fluss und bald sieht man sie am Herd eilig das letzte Korn für die abendlichen Brotfladen ausmahlen. Soldaten in bronzenen Kegelhelmen, die Rechteckschilde umgehängt und die langen Speere lässig über der Schulter, rücken ein. Schreiber, Priester und Hofbeamte im modisch gekräuselten Zottenrock schlendern stolz vorüber und die Knaben haben endlich die harten Lehmbänke der Tempelschule verlassen dürfen.

Und nun werden Befehle laut, die die Passanten beiseite treten lassen: Durch ein Spalier achtungsvoll gebeugter Rücken schreitet der Priesterfürst in Fellmantel und Königsbinde mit seinem Gefolge von einer Besichtigung des neu angelegten Bewässerungskanals kommend dem Tor des Heiligtums zu.

In ihren Angelsteinen ächzend schließen sich die Türen der Magazine und Verteilungsstellen und aufatmend legen die Verwalter und Listenführer ihre voll geschriebenen Tafeln auf die Regale. Es ist Feierabend.

Hartmut Schmökel, Ur, Assur und Babylon, in: Große Kulturen der Frühzeit, Stuttgart 1966, S. 7 ff. Bearb. d. Verf.

1 Schutzgöttin der Stadt Uruk

M2 Reste der Tempelanlage in der sumerischen Stadt Ur, um 2250 v. Chr. Auf der obersten Terrasse befand sich der Tempel des Gottes.

1 Beschreibe anhand von M1 das Leben in der Stadt Uruk mit eigenen Worten.

2 Stelle in einer Liste zusammen, welche Personen- bzw. Berufsgruppen in M1 genannt werden.

3 Welche Merkmale einer Stadt werden in M1 erwähnt? Achte dabei auf Gebäude, öffentliche Einrichtungen, Transportmittel usw. Ziehe auch M2 hinzu.

Hochkulturen – nur in Ägypten?

Hammurabi – König im Reich der Babylonier

Hammurabi von Babylon (um 1728–1686 v. Chr.) galt als einer der einflussreichsten Staatsmänner Mesopotamiens. Er gründete um etwa 1750 v. Chr. ein Reich, das das ganze Land zwischen Euphrat und Tigris umfasste. Hammurabi regierte sein Reich mithilfe von schriftkundigen Beamten und einem Soldatenheer. Den Reichtum seines Landes steigerte er durch die Anlage großer Bewässerungskanäle, die die Landwirtschaft mit ausreichend Wasser versorgten. Den Stadtgott von Babylon, Marduk, erhob er zum obersten Reichsgott.

Berühmt geworden sind die 282 Gesetze Hammurabis, die uns auf einer ehemals in Babylon aufgestellten Steinsäule überliefert sind. Bereits vor der Regierungszeit Hammurabis entstanden Rechtsvorstellungen, die zunächst mündlich, später dann auf Tontafeln festgehalten wurden. Hammurabi war der erste Herrscher, der Gesetze systematisch aufschreiben ließ um das Zusammenleben seines Volkes zu regeln.

M3 **Hammurabis Gesetzessäule,** Basaltstein, um 1700 v. Chr., Höhe 2,23 m. Diese Abbildung auf dem oberen Teil der Säule zeigt Hammurabi (links), der in ehrfürchtiger Haltung die Gesetze aus der Hand des Sonnengottes entgegennimmt.

M4 Gerechtigkeit und harte Strafen

König Hammurabi von Babylon (um 1728–1686 v. Chr.) erließ Gesetze, die das Zusammenleben seiner Untertanen verbindlich regelten. Die eindeutigen Grundsätze ermöglichten eine schnelle Entscheidung bei der Rechtsprechung:

1. Wenn ein Bürger einen Bürger bezichtigt und ihn mit Mordverdacht belastet, es ihm aber nicht beweist, so wird derjenige, der ihn bezichtigt hat, getötet.

22. Wenn ein Bürger Raub begangen hat und er daraufhin ergriffen wird, so wird dieser Bürger getötet.

53. Wenn ein Bürger bei der Befestigung seines Felddeiches die Hände in den Schoß gelegt und den Deich nicht befestigt hat, in seinem Deich eine Öffnung entsteht, er gar die Flur vom Wasser wegschwemmen lässt, so ersetzt der Bürger, in dessen Deich die Öffnung entstanden ist, das Getreide, das er vernichtet hat.

148. Wenn ein Bürger eine Frau zur Ehe genommen hat und sie krank wird, er eine andere zu nehmen sich vornimmt, so kann er sie nehmen; von seiner Ehefrau, die die Krankheit ergriffen hat, kann er sich nicht scheiden; in einem Hause, das er gebaut hat, wohnt sie und solang sie am Leben ist, unterhält er sie.

195. Wenn ein Sohn seinen Vater schlägt, so wird man seine Hand abhacken.

196. Wenn ein Bürger das Auge eines Bürgersohnes zerstört, so zerstört man sein Auge.

200. Schlägt ein Bürger den Zahn eines ihm ebenbürtigen Bürgers aus, so schlägt man seinen Zahn aus.

Wilhelm Eilers, Gesetzesstele Chammurabis, Leipzig (Hinrichs) 1932, S. 16 f. Bearb. d. Verf.

4 Warum hat Hammurabi seinem Land Gesetze gegeben und diese öffentlich bekannt gemacht?

5 Was sagt das Ehegesetz 148 in M4 über die Stellung der Frau in Mesopotamien aus?

6 Den Ausspruch „Auge um Auge, Zahn um Zahn" gibt es auch heute noch. Erkläre anhand von M4, was er bedeutet.

7 Die Gesetze eines Landes sagen auch etwas über das Zusammenleben der Menschen in einem Land aus. Überlege anhand von M4, wie die Menschen in Babylonien gelebt haben.

8 Überlege, warum sich Hammurabi zusammen mit einem Gott abbilden ließ, aus dessen Hand er die Gesetze erhält (M3).

Hochkulturen – nur in Ägypten?

M5 Frühe Hochkulturen in Asien, Afrika und Europa

Hochkulturen an Euphrat und Tigris

In Mesopotamien entstand etwa zur gleichen Zeit wie in Ägypten eine Hochkultur. Mesopotamien bedeutet „Land zwischen den Strömen". Gemeint ist die Landschaft um die Flüsse Euphrat und Tigris, das heute zu den Ländern Irak, Iran und Syrien gehört. Im 4. Jahrtausend v. Chr. siedelten dort zuerst die Sumerer. Im Lauf der Jahrhunderte kam es immer wieder zu Eroberungen durch umherziehende Stämme. Nach dem Untergang des sumerischen Reiches folgten die Reiche der Babylonier, der Assyrer und der Perser.

Um das Land bewohnbar zu machen bauten die Sumerer Deiche und Kanäle und erfanden Hebevorrichtungen, mit denen sie das Wasser auf die Äcker leiteten. Dieses komplizierte Bewässerungssystem erforderte die Zusammenarbeit vieler Menschen. Also schlossen sie sich in Siedlungen zusammen und organisierten ihr Leben nach festen Regeln.

Seit etwa 3000 v. Chr. entstanden durch den Zuzug weiterer Menschen die ersten Städte in Mesopotamien. Die Sumerer gründeten also nicht – wie die Ägypter – einen Flächenstaat, sondern lebten in einzelnen städtischen Siedlungen (Stadtstaaten). Um sich vor Feinden zu schützen umgaben sie ihre Städte mit riesigen Mauern.

Den Mittelpunkt der Stadt bildete ein Stufentempel, der mit seinen Vorratshäusern das wirtschaftliche Zentrum der Stadt bildete. Ein Priesterkönig regierte die Stadt im Auftrag eines Gottes. Ihm mussten alle Bewohner dienen. Um ihre Städte zu verwalten entwickelten die Sumerer eine Schrift. Sie wurde Keilschrift genannt, weil das Schreibwerkzeug aus Rohr in weichen Tontafeln einen keilförmigen Eindruck hinterließ.

Hochkultur

Die ersten Hochkulturen entstanden ab etwa 3000 v. Chr. in Ägypten und den sumerischen Stadtstaaten in Mesopotamien. Merkmale einer Hochkultur sind: ein Staat mit zentraler Verwaltung und Regierung, Religion, Arbeitsteilung, Kenntnis einer Schrift, Zeitrechnung, Kunst, Architektur, Anfänge von Wissenschaft und Technik. Hochkulturen entwickelten sich häufig an großen Flüssen (Nil, Euphrat und Tigris, Indus, Hwangho).

Ein Poster für die Klasse

Ihr benötigt Packpapier oder eine Tapetenrolle und Klebstoff.

Tragt die wichtigsten Merkmale der Hochkulturen in Ägypten und Mesopotamien mithilfe dieses Kapitels zusammen. Weiteres Material findet ihr in einer Bibliothek, in Reiseführern oder Reiseprospekten. Malt eure Ergebnisse auf (z. B. Pyramiden, Mumien, Hieroglyphen), schneidet sie aus, klebt sie auf die Rückseite der Tapetenrolle und hängt sie in eurem Klassenzimmer auf.

9 Erarbeite anhand von M5, wo frühe Hochkulturen entstanden sind. Überlege, warum sich Hochkulturen besonders an großen Flüssen gebildet haben.

10 Stelle Gemeinsamkeiten und Unterschiede zwischen den Hochkulturen in Ägypten und Mesopotamien fest.

Das alte Israel

Anfänge der Geschichte Israels

Die Quellen über die Geschichte des israelitischen Volkes sind spärlich. Vom Ursprung wissen wir vor allem etwas aus der Thora („Lehre", „Gesetz"), der Heiligen Schrift. Sie lag als geschriebenes Buch um 300 v. Chr. vor. Nach dieser Überlieferung wanderte der Stammesälteste Abraham mit seiner Sippe von Viehzüchtern und Hirten von Ur im Zweistromland (Mesopotamien) nach Kanaan, dem späteren Israel. Hier sollte ihr neues Land liegen, das ihnen ihr Gott verheißen hatte. Diese Wanderung begann etwa um 1800 v. Chr.

Es dauerte mehrere Jahrzehnte, bis die Israeliten das Land Kanaan erreichten. Eine dauerhafte Ansiedlung konnte jedoch nicht gelingen, weil dieses Land von den Hethitern und Ägyptern beherrscht wurde, die ihnen an Stärke weit überlegen waren. So führten die Israeliten ein unsicheres Leben als Halbnomaden, bevor sie ihren Weg weiter nach Süden fortsetzten, der sie schließlich nach Ägypten führte. Dort gerieten sie aber in die Abhängigkeit und lebten in Knechtschaft. Um 1200 v. Chr., also etwa 600 Jahre nach dem Aufbruch aus Ur, führte Moses sein Volk aus der ägyptischen Knechtschaft zurück in das Gelobte Land Palästina. Dieses Gebiet erreichten sie allerdings erst nach jahrelangen Mühen und Entbehrungen.

Anders als die Völker im Vorderen Orient, wie zum Beispiel die Ägypter, glaubten die Israeliten nur an einen Gott: Jahwe (gesprochen: Jachwe). Dieser Eingottglaube (Monotheismus) hat sich aber erst über einen längeren Zeitraum durchgesetzt.

Der Glaube hilft den Israeliten zu überleben

Die Ansiedlung der Israeliten in Palästina war mit harten Kämpfen gegen die Philister und andere Völker verbunden. Unter diesen Bedingungen schlossen sich die einzelnen israelitischen Stämme enger zusammen. Um 1000 v. Chr. entstand unter Saul ein einheitliches Königtum. Die Könige David und Salomon bauten in der Folge ein mächtiges jüdisches Reich auf. Salomon machte Jerusalem zu einer prachtvollen Königsresidenz. Der in dieser Zeit errichtete Tempel wurde zum Mittelpunkt ihres Glaubens.

Die Einigkeit des Reiches ging nach dem Tode Salomons wieder verloren. 926 v. Chr. kam es zur Spaltung in zwei Staaten: ein südliches Reich Juda mit der Hauptstadt Jerusalem und ein nördliches Reich Israel mit Samaria als Hauptstadt. Beiden Reichen fehlte es an innerer Stabilität, so dass sie sich der Übermacht der feindlichen Nachbarn ergeben mussten: 722 v. Chr. wurde das Nordreich von den Assyrern erobert, 586 v. Chr. besiegte der babylonische König Nebukadnezar II. das Südreich und ließ den Tempel zerstören. Ein Teil der Bevölkerung musste die Heimat verlassen und geriet in babylonische Gefangenschaft (586–538 v. Chr.). Seit dieser Zeit wurde auch die Bezeichnung „Juden" für das Volk Israel insgesamt gebräuchlich. Als 538 v. Chr. die Perser das Babylonische Reich unterwarfen, konnten die Israeliten und Judäer zurückkehren und begannen mit dem Wiederaufbau des Tempels. Was sie so stark machte, war ihr Glaube. Der Tempel in Jerusalem blieb das Ziel ihrer Sehnsucht – ein Symbol der Zusammengehörigkeit und der religiöse Mittelpunkt.

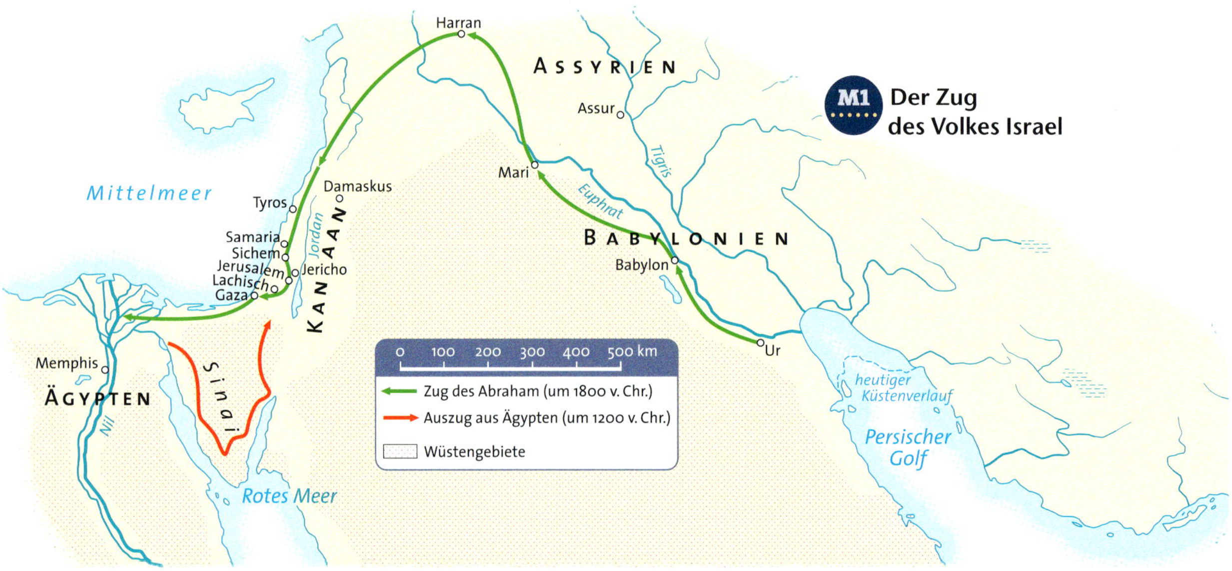

M1 Der Zug des Volkes Israel

Hochkulturen – nur in Ägypten?

M2 Wie es den Juden bei den Ägyptern erging
1 Einzug israelitischer Halbnomaden in Ägypten
2 Herstellung von Lehmziegeln, zu der Israeliten herangezogen wurden

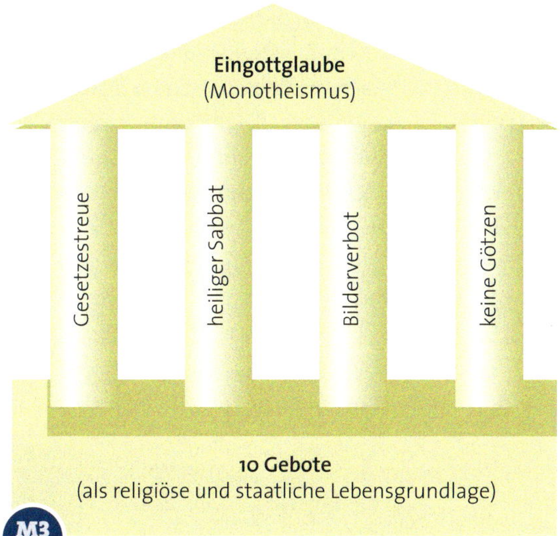

M3 Das Glaubensgebäude der Juden

Polytheismus/Monotheismus – Judentum

Mit Polytheismus bezeichnet man Religionen, in denen mehrere Götter verehrt werden. Ihnen wurden unterschiedliche Aufgaben zugeschrieben. Die ägyptische Religion ist ein Beispiel für diese Glaubensauffassung. Dagegen wird in monotheistischen Religionen nur ein Gott anerkannt.
Das Judentum ist die erste dieser monotheistischen Religionen. Das Christentum und der Islam haben diesen Grundsatz vom Judentum übernommen.

Moses überquert das Rote Meer, byzantinische Buchmalerei auf Pergament, frühes 10. Jh. **M4**

1 Liste mithilfe der Karte M1 die Stationen der Wanderungen des israelitischen Volkes auf.
2 Beschreibe die Bilder M2 und erkläre dabei die unterschiedlichen Darstellungen der Personen.
3 Forsche nach, wie der Auszug aus Ägypten im Alten Testament dargestellt wird (Moses II, 14). Ziehe M4 heran.
4 Nenne wesentliche Unterschiede zwischen der Religion der Ägypter und der Juden. Verwende dabei auch M3.

Frühe Hochkulturen – ein Überblick

Ägypten – eine Hochkultur

Mit Beginn der jetzigen Warmzeit um 9000 v. Chr. hatten sich die Menschen aus der allmählich austrocknenden Wüste an die wasserreichen Ufer des Nil zurückgezogen. Um Überschwemmungen des Nil in den Griff zu bekommen schlossen sie sich in Dorfgemeinschaften zusammen. Sie bauten Deiche und Bewässerungsanlagen und nutzten das lebensspendende Wasser des Nil für die Landwirtschaft. Bald ernteten sie mehr als sie zum Leben benötigten. Die Nahrungsüberschüsse legten sie in Vorräten an. Die Folge war, dass nicht mehr alle Bewohner eines Dorfes in der Landwirtschaft arbeiten mussten. Durch die Arbeitsteilung entstanden neben den Bauern neue Berufsgruppen wie Handwerker und Händler.

Seit Beginn des 3. Jahrtausends v. Chr. entstand in Ägypten eine der ersten bekannten Hochkulturen.

Ein Flächenstaat entsteht

Die immer größer werdenden Gemeinschaftsaufgaben und die Versorgung der Menschen mussten geregelt werden. In Ägypten entstand ein Staat, in dem jeder seinen Platz in einer festen Rangordnung einnahm. An der Spitze stand der Pharao. Er wurde wegen seiner großen Macht von den Ägyptern wie ein Gott verehrt. Der Wesir als Stellvertreter des Pharaos und schriftkundige Beamte verwalteten das Land. Sie herrschten über Bauern, Arbeiter, Handwerker und Sklaven. Als wichtiges Hilfsmittel für die Verwaltung ihres Staates erfanden die Ägypter um 3000 v. Chr. die Hieroglyphenschrift.

Allen Menschen gemeinsam war die Religion. Sie war geprägt von der Vorstellung, dass die Menschen nach dem Tod weiterleben.

Stadtstaaten in Mesopotamien

Im 4. Jahrtausend v. Chr. siedelten im Gebiet zwischen Euphrat und Tigris die Sumerer. Ähnlich wie in Ägypten mussten sich hier die Bewohner zusammenschließen um das Hochwasser von Euphrat und Tigris zu bändigen. Seit etwa 3000 v. Chr. entstanden durch den Zuzug weiterer Menschen die ersten Städte in Mesopotamien. Anders als bei den Ägyptern, die in einem Flächenstaat zusammenlebten, bildeten die Sumerer kein einheitliches Reich. Sie lebten in großen Städten, die von einem Priesterkönig regiert wurden. Auch die Sumerer legten Vorräte an und teilten die Arbeit untereinander auf. Zur Verwaltung ihrer Städte entwickelten sie die Keilschrift.

Nach dem Untergang des sumerischen Reiches folgten die Reiche der Babylonier, Assyrer und Perser. Um 1700 v. Chr. erließ der Babylonierkönig Hammurabi als erster Herrscher Gesetze für sein Volk.

Auf dieser Seite findest du Ausschnitte von Abbildungen, die alle vollständig in diesem Kapitel zu finden sind. Sie zeigen wichtige Merkmale einer Hochkultur. Finde heraus, welche es sind. Hinweise dazu findest du in diesem Kapitel und in dem Kasten auf S. 71.

Aufgepasst! Eine Abbildung ist versehentlich aus einem anderen Kapitel dazwischengeraten. Welche ist es?

Wir wiederholen zentrale Begriffe und Methoden

Arbeitsteilung und Kooperation S. 51

Herrschaft S. 52

Staat und Verwaltung S. 52

Hierarchie S. 53

Pyramide S. 58

Hochkultur S. 71

Polytheismus/Monotheismus – Judentum S. 73

Ein Bild als Quelle S. 56 f.

3. Das antike Griechenland

Jeden Tag kommen heute viele tausend Besucher in die griechische Hauptstadt Athen und steigen auf die Akropolis. Das ist der Hügel, auf dem die Athener vor fast 2500 Jahren ihrer Schutzgöttin Athene einen großen Tempel, den Parthenon, errichtet haben.
Nicht nur in Athen finden wir heute noch die Überreste der griechischen Hochkultur. Im ganzen Mittelmeerraum zeugen Gebäudereste, Kunstwerke, Inschriften und Münzfunde vom Leben im antiken Griechenland. Eine wichtige Quelle sind Malereien auf griechischen Keramikgefäßen. Ein Beispiel findest du auf der abgebildeten Vase. Wir können nur vermuten, worüber sich die beiden Männer unterhalten haben. Erzählt der eine dem anderen von einem Sportwettkampf? Oder sind beide auf dem Weg nach Athen zum „Scherbengericht"? Wenn die Athener einen Politiker absetzen wollten, schrieben sie seinen Namen auf eine alte Tonscherbe und stimmten damit ab. So hatten sie den Wahlzettel erfunden. Viele andere Erfindungen, die uns heute noch vertraut sind, stammen auch von den Griechen.

1 Überlege, was den Besuchern der Akropolis vermutlich fremd und was ihnen vertraut vorkommt.

2 Der Name Europa kommt aus dem Griechischen. Schlage in einem Lexikon nach und berichte in der Klasse.

0

Alexander der Große

Demokratie in Athen

500 v. Chr.

▲ Entstehung der Stadtstaaten

1000 v. Chr.

Mykenische Hochkultur

1500 v. Chr.

2000 v. Chr.

Begegnung mit den frühen Griechen

Hohe Berge – verstreute Inseln

Eine Landschaft prägt die Menschen

Die höchste Erhebung Griechenlands befindet sich im Norden des Landes und ragt 2911 Meter in den Himmel: der Berg Olymp. Von hier bis zur Insel Kreta im südlichen Mittelmeer erstrecken sich unzählige Gebirgszüge und kleine Inseln. Die Berge und das Meer bestimmen das Leben der Griechen bis heute. Als im 2. Jahrtausend v. Chr. kriegerische Völker nach Griechenland eindrangen, ließen sich die einzelnen Stämme bevorzugt an den Küsten oder in den nahe gelegenen Tälern nieder. Wollte man zueinander Kontakt aufnehmen oder miteinander Handel treiben, war der Seeweg der unbeschwerlichste und kürzeste. Obwohl die Landschaft – anders als die Fotos aus unserer Zeit zeigen – ursprünglich stärker bewaldet war, war das Leben der bäuerlichen Familien in den Siedlungen hart. Denn das Klima war heiß, der Boden meist sehr steinig und trocken. Genügend Wasser und fruchtbaren Boden gab es nur in wenigen Tälern. Dort wurden vor allem Gerste, Obst, Wein und Oliven angebaut. Das Weideland für die Ziegen- und Schafherden war knapp.

Polis

Das griechische Wort Polis (Pl.: Poleis) heißt übersetzt „Stadtstaat“. Im Gegensatz zu einem Flächenstaat (zum Beispiel dem alten Ägypten) bezeichnet die Polis einen Staat im Altertum, der auf eine Stadt und ihre nähere Umgebung begrenzt war. Ihre Einwohner verstanden sich als eine Gemeinschaft. Jede Polis war wirtschaftlich und politisch selbstständig. Eine übergeordnete Regierung gab es nicht.

1 Überlege, wie sich die Landschaft auf das Leben der Menschen auswirkte.

2 Informiere dich über den Begriff Polis (Kasten) und erkläre, warum sich diese Staatsform gerade in Griechenland entwickelte.

M1 Griechische Landschaft heute, Foto, 1993

M2 **Insel Delos,** Foto 1997, Blick vom Berg Kynthos auf den Hafen

Die Polis – ein Staat im Kleinen

Anders als in Ägypten lagen die griechischen Dörfer wegen der hohen Berge weit voneinander entfernt. Sie bildeten eigene kleine Staaten mit einer eigenen Ordnung. Deshalb gaben sie sich die Bezeichnung Stadtstaat (= griech. polis). An der Spitze vieler Poleis standen ein König oder einige reiche Familien. In größeren Stadtstaaten gab es einen befestigten Burgberg, den die Griechen Akropolis nannten. Auf der Akropolis lebte die Familie des Herrschers. Hier wurden auch Tempel für die Götter der Stadt gebaut.
Obwohl die Griechen in unterschiedlichen Poleis lebten, bewahrten sie sich eine gemeinsame Sprache und eine gemeinsame Schrift. Ein Handwerker aus Sparta sprach zwar einen anderen Dialekt als ein Bauer aus der Gegend von Athen, beide konnten sich aber ohne Probleme verstehen. Nach Ansicht der Griechen sprachen Völker, die das Griechische nicht beherrschten, ein unverständliches Kauderwelsch, das ihnen so klang wie „Bar – bar – bar“. Diese Menschen nannten sie deshalb „Barbaren“, das heißt Fremde.

3 Vergleiche den Staat in Ägypten (siehe S. 52 f.) mit der griechischen Polis.

4 Erkläre, welche Bedeutung Schrift und Sprache für die Griechen hatten.

Schreiben auf Griechisch

Die Griechen übernahmen ihre Schrift ungefähr um 800 v. Chr. von den Phönikern. Da diese jedoch keine Vokale kannten, fügten die Griechen noch fünf Zeichen hinzu (a, e, i, o, u):

griechisch		deutsch	griechisch		deutsch
Α	alpha	a	Ν	ny	n
Β	beta	b	Ξ	xi	ks
Γ	gamma	g	Ο	omikron	o
Δ	delta	d	Π	pi	p
Ε	epsilon	e	Ρ	rho	r
Ζ	zeta	ds	Σ	sigma	s
Η	eta	e	Τ	tau	t
Θ	theta	th	Υ	ypsilon	y
Ι	iota	i	Φ	phi	f
Κ	kappa	k	Χ	chi	ch
Λ	lambda	l	Ψ	psi	ps
Μ	my	m	Ω	omega	o

a) Schreibe deinen Vor- und Nachnamen mit griechischen Buchstaben.
b) Auf S. 76 findest du eine Abbildung mit griechischer Schrift. Was kannst du entziffern?

Die Arbeit mit einer Geschichtskarte

M1 Siedlungsraum der Griechen bis um 750 v. Chr.

Legende

- Stadt
- Ebene (Tal- und Beckenlandschaften)
- Gebirge

Maßstab

0 50 100 150 200 km

Karten „lesen“

Du kennst schon eine Reihe von Karten: Wanderkarten, Stadtpläne und physikalische Karten von Ländern oder Kontinenten. Einige davon hast du im Erdkundeunterricht kennen gelernt. Historiker arbeiten oft mit speziellen Geschichtskarten.

Geschichtskarten geben Auskunft darüber, wie ein Gebiet zu einem früheren Zeitpunkt ausgesehen oder sich entwickelt hat.
Auf dieser Doppelseite kannst du lernen, wie man eine Geschichtskarte richtig „liest“.

Lesetipp
www.griechenland.de
Unter dieser Internet-Adresse findest du Fotos und Informationen zu fast allen Städten und Landschaften in Griechenland.

Arbeitsschritte Auswertung einer Geschichtskarte

1. Schritt:
Das Thema einer Karte ermitteln
In der Regel haben Karten eine Überschrift, die das Thema der Karte angibt. Die Überschrift enthält fast immer eine Angabe über den dargestellten Zeitpunkt oder Zeitraum. Manche Karten zeigen zum Beispiel, wie die Landschaft ausgesehen hat, andere geben Auskunft über Städtegründungen, die Landwirtschaft oder die Bevölkerung eines Gebietes. Wenn du dich über das Thema und die Zeitangabe orientiert hast, stellst du eine Frage, die du mit der Karte beantworten möchtest. Zum Beispiel: Wie haben die Griechen in dieser Landschaft gelebt?

2. Schritt:
Die Kartenlegende erschließen
In der Kartenlegende werden alle Farben, Schattierungen und Zeichen erklärt, die auf der Karte zu sehen sind. Kartenlegenden sind nicht immer gleich ausführlich. Einige erklären sämtliche Kartenelemente, andere nur die Besonderheiten der gerade abgebildeten Karte.

3. Schritt:
Den Maßstab feststellen
Wichtig für den Umgang mit Karten ist eine genaue Vorstellung von den dargestellten Entfernungen. Hier hilft die Maßstabsleiste weiter. Mit diesem Kartenelement kannst du zum Beispiel ermitteln, wie groß die Entfernung zwischen zwei Städten ist. Bei Geschichtskarten ist der Maßstab oft in Form einer Entfernungsleiste mit Kilometerangaben dargestellt.

4. Schritt:
Die Aussagen der Karte zusammenfassen
Beschreibe die Zeichen und die Farbgebung der Karte. Damit erhältst du eine Vorstellung von den Bedingungen in dem abgebildeten Gebiet. Überlege, wie die Geschichtskarte deine Frage aus dem 1. Schritt beantwortet. In unserem Beispiel kannst du Aussagen über die Wohnmöglichkeiten und Verkehrsverbindungen in Griechenland machen.

5. Schritt:
Weitere Informationen beschaffen
Am Ende der Kartenarbeit solltest du kritisch prüfen, ob deine Frage ausreichend beantwortet ist. Um beispielsweise genaueres Wissen über das Leben in der griechischen Landschaft zu erhalten kannst du dich in Reiseführern aus deiner Stadtbibliothek und im Internet informieren.

1 Bearbeite die Karte M1 mithilfe der Arbeitsschritte 1 bis 5.

2 Auf Seite 88 findest du die Karte M3 Kolonisation der Griechen. Stelle sie der Klasse anhand der Arbeitsschritte dieser Methodenseite vor.

3 Du hast bereits auf den Seiten 78 f. Informationen über die Bedeutung der Landschaft für das Leben der frühen Griechen erhalten. Überlege, welche neuen Erkenntnisse dir die Karte vermittelt.

4 Die Griechen waren ein Seefahrervolk. Prüfe diese Aussage mithilfe der Karte M1.

Das frühe Griechenland – Spurensuche

M1 **Das Löwentor der Burg von Mykene,** Foto, um 1887. Über dieses Tor gelangte man in das Innere der Königsburg. Am rechten Pfeiler sind Heinrich und Sophie Schliemann zu sehen.

Grabung in Mykene

1874 erhielt der Archäologe Heinrich Schliemann die Erlaubnis des griechischen Kultusministers auf dem Gebiet der Stadt Mykene Grabungen durchzuführen. Dort hatte bereits 30 Jahre zuvor ein griechischer Forscher die Überreste einer riesigen Palastanlage entdeckt. Sie zeugten davon, dass sich an diesem Ort um 1500 v. Chr. ein mächtiges Herrschaftszentrum befunden haben musste.
Schliemann stieß bei seinen Grabungen bald auf weitere Zeugnisse vergangenen Lebens. In der Nähe der Burg befand sich ein Feld mit schachtförmigen Gräbern. Ähnlich wie in Ägypten waren die Toten mit reichen Grabbeigaben bestattet worden. Über den Augenblick, als er die goldene Totenmaske eines mykenischen Fürsten freilegte, schrieb Schliemann: „Das runde Gesicht mit all seinem Fleisch war wunderbar unter seiner schweren Goldmaske erhalten, ... beide Augen waren vollkommen sichtbar, ebenso der Mund.“
Zu den weiteren Funden aus der Zeit der mykenischen Herrschaft gehören Keramik, Schmuck und Waffen. Die einzige schriftliche Überlieferung findet sich auf Tontäfelchen, die in der Palastanlage gefunden wurden. In einer einfachen Schrift wurden darauf die Vorräte und Ausrüstungsgegenstände der Herrscher vermerkt.

Einen Dichter beim Wort nehmen?

Auf der Suche nach Spuren vom Leben im frühen Griechenland finden wir ab ca. 800 v. Chr. schriftliche Zeugnisse, die uns – ausführlicher als die mykenischen Vorratslisten – über vergangene Zeiten erzählen. Die für uns wichtigsten Texte verfasste der Dichter Homer. Er schrieb in Versen auf, was sich die Griechen seit Jahrhunderten über ihre Vorfahren erzählten. Diese Werke nennt man Epen (Sg.: Epos*). In dem Epos „Ilias“ schildert Homer die Belagerung der in Kleinasien gelegenen Stadt Troja. Hier hatten, so erzählt er, griechische und trojanische Helden in jahrelangen Kämpfen ihren Mut bewiesen, bis die Griechen die Stadt schließlich mithilfe einer List eroberten. Das Epos „Odyssee“ berichtet vom Leben des Helden Odysseus, der erst nach langen Irrfahrten in seine Heimat zurückkehren konnte.
Aufgrund der genauen Ortsbeschreibungen Homers fand Schliemann den Ort, wo Troja lag. Bis heute haben Archäologen dort die aufeinander geschichteten Reste von mindestens neun Siedlungen ausgegraben. Die Überreste der sechsten Stadt geben die meisten Hinweise dafür, dass hier kriegerische Auseinandersetzungen stattgefunden haben. Diese Siedlung wird in die Zeit von 1700 bis 1300 v. Chr. datiert.

M2 **Totenmaske eines mykenischen Fürsten,** Gold, um 1450 v. Chr.

M3 **Kampf des griechischen Helden Achilleus mit der Amazonenkönigin Penthesilea,** Vasenmalerei, um 530 v. Chr. Penthesilea kam mit einem Gefolge kriegerischer Frauen nach Troja um gegen die Griechen zu kämpfen. Auf vielen Vasen wurden weibliche Figuren weiß, männliche schwarz dargestellt.

M4 Hektor und Andromache

Homer beschrieb den Abschied des Trojaners Hektor von seiner Frau Andromache, bevor dieser in den Kampf mit dem griechischen Helden Achilleus zieht. Ein Jugendbuchautor erzählt diese Geschichte nach (1982):

Als Hektor durch die Straßen zurückeilte, kam ihm … die Gattin entgegen. Die Dienerin, die ihr folgte, trug das Knäblein Astyanax. Mit stillem Lächeln betrachtete der Vater das Kind; Andromache aber trat unter Tränen auf ihn zu und drückte ihm zärtlich die Hand: „Du böser Mann", rief sie, „gewisslich wird dein tollkühner Mut dir noch den Tod bringen! Hast du denn kein Erbarmen mit deinem unmündigen Kinde und mit deinem unglückseligen Weibe, das du bald zur Witwe machen wirst? Vater und Mutter habe ich verloren, meine sieben Brüder hat Achilleus … erschlagen." Doch der tapfere Held … schenkte solchen Bitten kein Gehör. „Ich müsste mich vor allen Männern und Frauen schämen", sagte er fest, „wollte ich nur aus der Ferne dem Streit zuschauen; auch mein eigenes Herz erlaubt es mir nicht, denn ich bin gewohnt, stets in der vordersten Reihe zu streiten."

Griechische Sagen, bearbeitet von Richard Carstensen, München (dtv) 1982, S. 185.

Der Dichter Homer

Homer gilt als der älteste Dichter in Europa. Er lebte in der Zeit zwischen ca. 750 und 650 v. Chr. Als Geburtsort vermutet man die Stadt Smyrna in Kleinasien. Seine bekanntesten Werke sind die beiden Epen „Ilias" und „Odyssee". Die darin beschriebenen Helden dienten besonders der griechischen Oberschicht als Vorbild. Schon im antiken Griechenland kannte jedes Kind die schönsten Stellen aus der „Ilias" und der „Odyssee" auswendig.

1 „Durch welchen Kunstgriff konnte dieser gewaltige Klotz dort hinaufgehievt werden?" So fragt in diesem Jahrhundert ein Besucher beim Anblick des Löwentors von Mykene. Beschreibe die Abbildung M1 genau und schreibe auf, welche weiteren Fragen du als Forscherin oder Forscher stellen würdest.

2 Beschreibe das Vasenbild M3. Welche menschlichen Eigenschaften werden hervorgehoben?

3 Erarbeite aus M4, wie sich Andromache und Hektor zu dem bevorstehenden Kampf Hektors äußern. Beurteile die beiden Standpunkte.

4 Die Archäologen bezweifeln, dass Homer in seinen Werken einen historisch richtigen Bericht aus der Zeit des Trojanischen Krieges gegeben hat. Informiere dich im Kasten über die Lebensdaten Homers und nimm Stellung zu der Einschätzung der Archäologen.

Begegnung mit den frühen Griechen

M5 **Das Leben des Adels,** Vasenmalerei, um 590 v. Chr. Pferde waren der adligen Oberschicht vorbehalten.

Leben im „Oikos“

Die Ausgrabungsfunde in Mykene und Troja, die Dichtungen Homers – aus allen Quellen haben Wissenschaftler eine Vorstellung gewonnen, wie die frühen Griechen gelebt haben. Wir wissen, dass zwischen 1600 und 1200 v. Chr. auf dem griechischen Festland eine Gesellschaft lebte, die nach ihrem Hauptort Mykene „mykenische“ Hochkultur genannt wird. Aus bisher unbekannten Gründen verschwanden nach 1200 v. Chr. die mykenischen Paläste. Die Bevölkerungszahl ging zurück und aus dem Norden wanderten andere griechische Bevölkerungsgruppen ein.
Ob Bauern oder reiche Landbesitzer – fast alle Griechen lebten in Hausgemeinschaften. Im Haushalt (= griech. Oikos*), der sich mit einem großen Bauernhof vergleichen lässt, lebten die Familie, die Bediensteten, die Sklaven* und das Vieh. Hier fanden die Menschen Schutz und Sicherheit, Nahrung, Kleidung und Ansehen, zumindest dann, wenn der Haushalt ein starkes Oberhaupt hatte. Der Hausherr hatte große Macht in der Familie. Er bestimmte zum Beispiel über die Heirat seiner Kinder, denn Besitz, Reichtum und Ansehen sollten erhalten bleiben.
Wer nicht zu einem Oikos gehörte, hatte ein hartes Los. Das traf besonders die Theten*. Das waren Landarbeiter, die für wenig Lohn auf anderen Gütern arbeiten mussten.

Adlige – die Besten der Griechen?

Das Leben der bäuerlichen Familien wurde von den schwierigen Bedingungen der griechischen Landschaft bestimmt. Ganz anders lebten die griechischen Adligen. Sie besaßen mehr Land, auf dem Pächter, Knechte und Mägde, Sklavinnen und Sklaven den Boden bestellten. Aufgrund ihres Reichtums herrschten sie meist wie Könige über kleinere Gebiete. Über die Adligen wissen wir durch Funde am meisten. Auch die meisten Personen, die Homer beschrieb, gehörten zu dieser Gesellschaftsschicht. In der „Ilias“ empfiehlt ein Adliger seinem Sohn „immer Bester zu sein und überlegen zu sein den anderen“.

Aristokratie

Nach dem griechischen Wort aristoi (= die Besten) und kratein (= herrschen) die Bezeichnung dafür, dass die Herrschaft in einem Staat von einer adligen Oberschicht ausgeübt wird.

M6 **Bauer mit Holzpflug,** Tonfigur, 7. Jh. v. Chr.

5 In M1 bis M6 findest du Überreste und Quellen griechischen Lebens. Stelle jeweils fest, worüber sie uns Informationen geben können und worüber nicht.

6 Stelle anhand von M3 bis M5 zusammen, worin die griechischen Adligen ihre Aufgabe sahen.

Leben mit den Göttern

M1 **Göttervater Zeus,** Statuette, um 470 v. Chr. Nach der Vorstellung der Griechen schleuderte Zeus Blitze auf die Erde oder ließ Stürme entstehen, wenn er wütend war.

Die griechischen Götter – menschliche Wesen?

Während des Trojanischen Krieges, so erzählten sich die Griechen, hatten sich ihre Götter in die Kämpfe eingemischt und beide Kriegsparteien unterstützt. Sie kämpften mit vielfältigen Waffen. Sie verkleideten sich als menschliche Helden, verhüllten den Angreifern die Augen mit Nebel oder lenkten die Lanzen der Krieger in die Richtung, die sie wollten.
Anders als die Ägypter stellten sich die Griechen die Göttinnen und Götter in menschlicher Gestalt vor und wie Menschen nicht frei von Gefühlen und Eigenschaften wie Neid, Hass oder Freude. Sie glaubten, dass die Götter auf dem Olymp in einer großen familiären Hausgemeinschaft lebten. Der Hausherr war Zeus. Jeder Gott, jede Göttin war für einen bestimmten Bereich zuständig und wurde mit einem bestimmten Gegenstand dargestellt. Der Meeresgott Poseidon zum Beispiel hatte einen Dreizack, mit dem er das Meer aufwühlte. Apollon, der Gott der Wahrheit und der Kunst, trug eine Leier. Die Götter unterschieden sich aber auch von den Menschen: Sie blieben ewig jung, kein Alter trübte ihre Schönheit und sie waren unsterblich.

Feste zu Ehren der Götter

Die Griechen begegneten ihren Göttern mit Respekt und Ehrfurcht. Vor wichtigen Entscheidungen fragten sie sie um Rat und versuchten sie günstig zu stimmen. Wenn sich eine griechische Familie zur Mahlzeit traf, wurde zuerst auf dem Hausaltar ein Teil der Speise und des Weins geopfert. In jeder Polis gab es Tempel zu Ehren des Zeus, der Athene oder des Apoll, wo man seine Opfer darbringen konnte.
Alle Griechen, ganz gleich ob sie aus Samos, Milet, Athen, Sparta oder Korinth kamen, glaubten an dieselben Götter. Deshalb fühlten sie sich untereinander verbunden. Viele Städte veranstalteten große Feste zu Ehren der Götter und luden dazu die Menschen aus allen Kolonien ein. Diese so genannten kultischen Feste begannen mit einem gemeinsamen Opfer. Anschließend aßen die Gäste und unterhielten sich bei Sport-, Musik- und Literaturwettbewerben. Das wichtigste Fest der Griechen waren die Olympischen Spiele (siehe S. 96 ff.).

M2 **Zweikampf im Trojanischen Krieg,** Vasenmalerei, um 490 v. Chr. Zwischen dem Griechen Achilleus (links) und dem Trojaner Hektor (rechts) steht die Göttin Athene. Die Tochter des Zeus wird meist mit Helm, Schild oder Speer abgebildet.

1 Beschreibe M1 und M2. Überlege, was die beiden Darstellungen über das Verhältnis zwischen Göttern und Menschen aussagen.

Begegnung mit den frühen Griechen

M3 Ein Streit unter Göttern

Die Griechen erzählten sich viele Geschichten über ihre Götter. Sie werden bis heute überliefert, so auch die folgende:

Zeus und [seine Frau] Hera stritten unaufhörlich. Obwohl er seine Geheimnisse mit ihr teilte und auch manchmal ihren Rat annahm, vertraute er ihr niemals voll und ganz. Sie wusste, dass er sie peitschen oder sogar einen Blitz gegen sie schleudern würde, sollte sie ihre Grenzen überschreiten …

Es kam eine Zeit, als … die Launenhaftigkeit des Zeus so unerträglich wurde, dass Hera, Poseidon[1], Apollon[2] und all die anderen Olympier … ihn plötzlich umringten, als er schlafend auf seinem Bette lag. Sie banden ihn mit … hundert Knoten, sodass er sich nicht bewegen konnte. Er drohte ihnen mit sofortigem Tod, aber sie hatten den Donnerkeil außer Reichweite gelegt und verlachten ihn höhnisch. Während sie ihren Sieg feierten und eifersüchtig über die Nachfolge stritten, eilte Thetis[3], … die einen Bürgerkrieg auf dem Olympos befürchtete, den hundertarmigen Briareos[4] zu suchen. Dieser löste mit hundert Händen schnell die Knoten und befreite seinen Herrn. Da Hera die Verschwörung gegen ihn angeführt hatte, hängte Zeus sie mit goldenen Fesseln um die Armgelenke an den Himmel und band ihr einen Amboss an jedes Fußgelenk … Schließlich versprach Zeus Hera zu befreien, wenn die Götter schwören … sich nie wieder gegen ihn aufzulehnen.

Robert von Ranke-Graves, Griechische Mythologie, Quellen und Deutung, Bd. 1, Reinbek (rororo) 1960, S. 44 f.

1 Poseidon = älterer Bruder des Zeus
2 Apollon = Zeus' Sohn
3 Thetis = Meeresgöttin; sie wurde von Hera aufgezogen.
4 Briareos = ein Ungeheuer; vermutlich Sohn des Poseidon

Lesetipp

Griechische Sagen, nacherzählt von Richard Carstensen, München (dtv junior) 1998.

Bilder erzählen über Götter und Helden

a) Teilt die Erzählung „Ein Streit unter Göttern" in einzelne Szenen auf und malt dazu in Gruppenarbeit jeweils ein großes Bild. Eure Bildergeschichten könnt ihr in der Klasse aufhängen.

b) Sucht spannende griechische Sagen (siehe Lesetipp) und fertigt dazu Bilder an. Erzählt eure Bildergeschichten in der Klasse.

2 Was für Wesen waren die griechischen Göttinnen und Götter? Beantworte die Frage mithilfe von M3 und des Darstellungstextes S. 85.

3 In M1 bis M3 begegnen dir sieben Mitglieder der griechischen Götterfamilie. Zeichne in einer Skizze auf, wie sie miteinander verwandt sind.

4 In M4 ist abgebildet, wie Griechen ihren Göttern geopfert haben. Überlege, wer an dem Opfer teilnimmt, wo die Szene stattfindet und wie die Feier vermutlich abgelaufen ist. Hilfe gibt der Darstellungstext S. 85 rechts.

M4 Ein Opfer wird dargebracht, bemalte Holztafel, um 540 v. Chr.

Die griechische Kolonisation

M1 Griechen verlassen ihre Heimat

Der griechische Geschichtsschreiber Herodot (um 485–425 v. Chr.) berichtete, wie die Bewohner der griechischen Insel Thera (heute Santorin) im Jahr 631 v. Chr. die Kolonie Kyrene in Libyen gegründet hatten:

[Sieben Jahre lang blieb in Thera der Regen aus] … Auf ihre Anfrage beim Orakel erinnerte die Pythia die Theräer an die Kolonisation in Libyen … Die Theräer bestimmten, dass aus allen sieben Gemeinden der Insel immer je einer von zwei Brüdern um die Auswanderung losen sollte. Führer und König der Auswanderer sollte Battos sein. So schickten sie zwei Fünfzigruderer nach Platea [Insel vor der Kyrenaika] … Hier wohnten sie zwei Jahre; aber es ging ihnen dort nicht gut. So ließen sie denn einen Einzigen aus ihrer Mitte zurück und alle Übrigen fuhren nach Delphi. Dort baten sie das Orakel um einen Spruch und erzählten, sie hätten sich in Libyen angesiedelt, aber es gehe ihnen trotzdem keineswegs besser, obwohl sie dort wohnten. Darauf verkündete ihnen die Pythia Folgendes:

„Kennst du besser als ich, der ich dort war, Libyens Herden: Dich, der du nicht dort warst, muss ich ob deiner Weisheit bewundern."

Als Battos und seine Leute dies hörten, segelten sie wieder zurück; denn offenbar ersparte ihnen der Gott die Ansiedlung nicht, bis sie nach Libyen selbst gekommen seien. Sie landeten auf der Insel, nahmen den Zurückgelassenen an Bord und siedelten sich auf dem Festland gegenüber der Insel an … Hier wohnten sie sechs Jahre. Im siebenten Jahr erboten sich die Libyer sie an einen noch schöneren Platz zu führen. Sie entschlossen sich mitzugehen.

Herodot, Historien, IV 150–158, übers. von Josef Feix, München (Reclam) 1977, S. 613 ff. Vereinf. d. Verf.

Das Orakel von Delphi

Bei wichtigen Entscheidungen fragten die Griechen ein Orakel um Rat. Auf diesem Wege wurden schwierige politische Probleme gelöst oder persönliche Entscheidungen getroffen. Die größte Bedeutung hatte der Apollontempel in der Kultstätte Delphi. Dort gab die Priesterin Pythia im Auftrag des Gottes Apollon den Menschen einen klugen Rat. Pythia saß auf einem hohen Stuhl und war in Weihrauchdämpfe eingehüllt, die als Rauschmittel wirkten. Ihre Antworten waren nie eindeutig und mussten von den Priestern erklärt werden. Frauen durften das Orakel nicht befragen.

M2 König Ägeus befragt das Orakel von Delphi, Trinkschale, um 440 v. Chr.

1 Nenne die Gründe, aus denen die Theräer sich zur Auswanderung entschlossen (M1).

2 Informiere dich im Kasten über das Orakel von Delphi. Welche Bedeutung hatte es für die Theräer?

3 Erkläre den Begriff „Kolonisation" (M1, Lexikon).

4 Versetze dich in die Rolle eines der Auswanderer. Seit einem Jahr wohnst du in Kyrene. Schreibe einen Brief an deine Verwandten in Thera, in dem du von deinen Erlebnissen berichtest.

5 Informiert euch bei Schülerinnen und Schülern, die selbst oder deren Eltern nach Deutschland eingewandert sind: Lassen sich ihre Erfahrungen mit den Erfahrungen der griechischen Auswanderer vergleichen?

Viele Stadtstaaten – ein Griechenland

M3 Die Kolonisation der Griechen vom 8. bis 6. Jahrhundert v. Chr.

Warum gründeten die Griechen Kolonien?

Seit dem 8. Jahrhundert v. Chr. nahm die Bevölkerung in Griechenland stark zu. Die Ackerflächen, die die Poleis umgaben, reichten oft nicht aus um die Ernährung der Menschen sicherzustellen. Verschlimmert wurde die Situation durch den hohen Holzbedarf für den Häuser- und Schiffsbau. Die Wälder wurden abgeholzt; der fruchtbare Boden, der durch die Wurzeln festgehalten worden war, konnte vom Regen weggespült werden. Viele Griechen sahen keinen anderen Ausweg als ihre Heimat zu verlassen um an einem anderen Ort neu anzufangen.

Die Siedlungen, die dort nach dem Vorbild der Heimatstädte neu gegründet wurden, hießen Kolonien*. Welchen Ort aber wählte man für eine Koloniegründung? Viele Kolonien entstanden in dünn besiedelten Gebieten, da hier weniger Widerstand von der einheimischen Bevölkerung zu erwarten war. Besonders günstige Bedingungen gab es zum Beispiel in Syrakus. Hier bildete eine vorgelagerte Insel natürliche Hafenanlagen und gute Verteidigungsmöglichkeiten. Das Umland der Stadt war dazu überaus fruchtbar.

Gemeinsamkeit trotz Trennung

Griechenland – das war nach der Kolonisation eine Ansammlung von Stadtstaaten, die nach den Worten des Griechen Sokrates „wie die Frösche um einen Teich saßen". Im 5. Jahrhundert v. Chr. lebten in den Kolonien etwa drei bis vier Millionen Griechen. Das waren genauso viele Menschen wie im Mutterland. Mehr als tausend Kilometer trennten Städte wie Tanais und Neapolis voneinander. Dennoch bewahrten sich die Griechen ihre Gemeinsamkeiten. Die Lebensweise in den zahlreichen Städten, besonders natürlich in den Mutter- und Tochterstädten, war ähnlich. Neben der gemeinsamen Sprache und dem Glauben an dieselben Götter verband die Griechen noch eine Anzahl kultischer Feste und Spiele. Sie fanden an vielen Orten statt, so in Delphi, Korinth, Athen und anderswo. Zwei Stadtstaaten aus dem griechischen Mutterland spielten jahrhundertelang eine herausragende Rolle in Griechenland: die Polis Sparta und die Polis Athen.

6 Bearbeite die Karte M3 mithilfe der Methodenseite 80 f.

7 Arbeite aus der Karte heraus, wo die Griechen Kolonien gründeten. Nenne Gründe, die für die Auswahl der Siedlungsplätze sprachen.

8 Erkläre die Begriffe „Mutterstadt", „Tochterstadt". Wie blieben die Städte untereinander verbunden?

9 Erkläre mithilfe der Karte M3, was Sokrates mit seinem Ausspruch über die Griechen (siehe Darstellungstext oben rechts) meint.

Sparta – eine Polis mit eigenem Weg?

Eroberung statt Kolonisation

Im Süden der Halbinsel Peloponnes lag die Landschaft Lakonien. Dort hatte um 900 v. Chr. der griechische Stamm der Dorier das Land unterworfen und die verstreuten Siedlungen zur Polis Sparta zusammengefasst. Sparta war im Westen und Osten durch hohe Gebirgsketten umschlossen, aus denen zahlreiche Flüsse und Bäche herabflossen und die Ebene zu einem fruchtbaren Landstrich machten. Die Bevölkerung Spartas wuchs schnell und Lakonien wurde zu klein für alle. Im Gegensatz zu anderen Stadtstaaten entschlossen sich die Spartaner aber nicht dazu, Kolonien zu gründen. Sie dehnten ihren Machtbereich durch kriegerische Eroberungszüge nach Süden und Westen aus.
Der griechische Schriftsteller Plutarch (um 45–120 n. Chr.) sagte über Sparta: „Niemand durfte leben, wie er wollte; in der Stadt hatten die Spartaner wie in einem Feldlager eine genau festgelegte Lebensweise, die auf das öffentliche Wohl ausgerichtet war.“ Die spartanische Lebensweise wurde in ganz Griechenland als etwas Besonderes gerühmt. Die Griechen stritten darüber, ob sie sich Sparta zum Vorbild nehmen sollten. Wie kam es, dass in Sparta eine Polis entstand, die anders war als die übrigen Stadtstaaten?

1 Beschreibe M2 und erläutere, welche Siedlungsbedingungen die lakonische Landschaft bot.
2 Wie reagierte Sparta auf den Bevölkerungsanstieg? Vergleiche mit anderen Poleis.
3 Werte M1 aus und stelle Vermutungen über das Zusammenleben der Bevölkerungsgruppen an.

Heloten, Spartiaten und Periöken

Die Bürger der Polis Sparta nannten sich Spartiaten*. Sie hatten nach der Eroberung Lakoniens und der sich im Westen anschließenden Landschaft Messenien zusätzliche Landstücke erhalten. Obwohl die Spartiaten einen großen Teil des Bodens besaßen, arbeiteten sie nicht in der Landwirtschaft. Auch Handel zu treiben war ihnen verboten. Sie sollten sich ganz und gar dem Kriegsdienst widmen, denn es bestand ständig Gefahr, dass sich die unterworfene Bevölkerung zur Wehr setzen würde.
Das Schicksal der Menschen in den eroberten Gebieten war hart: Sie verloren ihr Land und ihre Freiheit. Sie wurden zu Heloten*, das heißt Sklaven, die von den spartanischen Eroberern zur Feld- und Hausarbeit gezwungen wurden.
Die Menschen, die das Umland Spartas in der Ebene Lakonien und dem eroberten Messenien bewohnten, hießen Periöken*. Das bedeutet auf Griechisch „Umwohnende“. Sie siedelten als freie Bauern auf dem geringer wertigen Land oder arbeiteten als Handwerker und Händler für die Spartiaten.

M1 Die Bevölkerung Spartas

Ungefähre Angaben für das frühe 5. Jahrhundert v. Chr.:

Spartiaten (Bürger)	ca. 9000
Periöken	ca. 40 000–60 000
Heloten	ca. 140 000–200 000

Zusammengestellt nach Jochen Martin/Norbert Zwölfer (Hg.), Geschichtsbuch N. A., Bd. 1, Berlin (Cornelsen) 1992, S. 79.

M2 **Die Landschaft Lakonien,** Foto, 1990. Im Vordergrund sind Reste eines Apollotempels zu sehen.

Viele Stadtstaaten – ein Griechenland

Aufgaben und Ämter in der Polis

Alle männlichen Spartiaten, die über 30 Jahre alt waren, trafen sich einmal im Monat in der Volksversammlung. Hier wurde über einen Kriegszug entschieden und man beschloss – ohne vorhergehende Diskussion – die Gesetze für die Polis. Die Volksversammlung verlieh auch neuen Bewohnern das Recht Bürger* Spartas zu werden. Einmal im Jahr wählte die Volksversammlung fünf „Ephoren“. Das waren leitende Beamte, die die Einhaltung der Gesetze überwachten. Bei Gesetzesverstößen übernahmen sie auch die Aufgaben der Polizei und der Richter. Neben der Volksversammlung und den Ephoren* gab es den Rat der Ältesten, der auf Griechisch Gerusia* hieß. Er bestand aus 28 Spartiaten über 60 Jahre, die auf Lebenszeit in den Rat gewählt wurden. Die Gerusia schlug vor, über welche Gesetze die Volksversammlung abstimmen sollte. Zur Gerusia gehörten zusätzlich zwei Könige. Sie vererbten ihr Amt an ihre Söhne weiter. Die Macht der Könige beschränkte sich allerdings auf die Führung des Heeres im Kriegsfall.

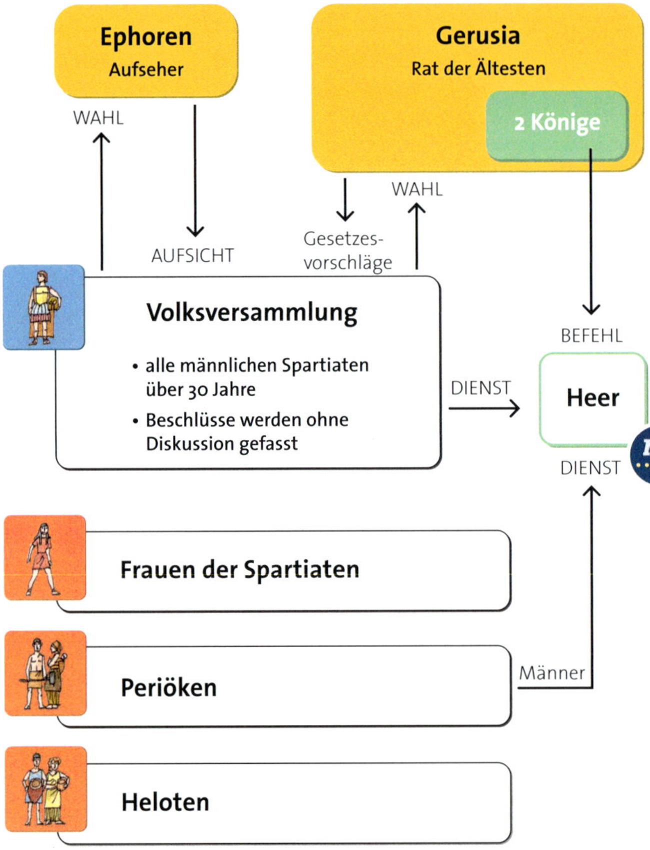

M3 Die politische Ordnung der Polis Sparta. Historiker bilden die Ordnung eines Staates häufig in Schaubildern ab. Durch Pfeile, Kästen, Farben oder Figuren werden die Rechte und damit die politischen Machtverhältnisse in einem Staat deutlich gemacht.

4 Bestimme mithilfe von M3, welche Aufgaben und Rechte die Bevölkerungsgruppen Spartas hatten. Unterscheide dabei nach Männern und Frauen.

5 Sparta hat wieder einen Aufstand der Bevölkerung Messeniens erlebt. Soll die Polis einen Krieg gegen Messenien führen? Überlege, wer die Entscheidung darüber treffen würde.

Krieg oder Frieden? – ein Rollenspiel

Organisiert ein Rollenspiel „Krieg oder Frieden? – Sparta entscheidet sich“. Teilt eure Klasse in Ephoren, Gerusia, Könige, Mitglieder der Volksversammlung. Eine fünfte Gruppe beobachtet das Rollenspiel und berichtet (siehe Methoden S. 39).

Leben nur für die Polis?

Um 600 v. Chr. hatte Sparta seine größte Ausdehnung erreicht. Die Spartiaten waren nach den Eroberungen zu der Überzeugung gelangt, dass sie sich gegen die zahlreichen und gefährlichen Aufstände der Heloten nur mit militärischer Stärke schützen konnten. Deshalb führten sie eine neue Kriegstechnik ein, die „Phalanx"*. Die Krieger begegneten dem Gegner nicht mehr im Einzelkampf, sondern bildeten feste Gruppen aus schwer bewaffneten Fußsoldaten. Gleichzeitig wurden die Soldaten – zunächst in Sparta, später in ganz Griechenland – besser ausgerüstet. Sie hießen Hopliten.
Ganz Sparta begann sich zu verändern: Alle Bewohnerinnen und Bewohner mussten ihre Lebensweise immer mehr auf die Verteidigung der Polis einstellen. Das gesamte Leben war auf Kampf- und Kriegsbereitschaft ausgerichtet. Ein Familienleben, wie wir es von anderen griechischen Stadtstaaten oder bei uns heute kennen, hatte da keinen Platz mehr.
Bereits die Kinder der Spartiaten wurden einer strengen körperlichen Ausbildung unterzogen. Die Männer lebten in Zeltlagern und bildeten Gruppen, die ihre Zeit mit sportlichem und militärischem Training verbrachten. Erst ab dem 30. Lebensjahr durften die Spartiaten wieder in ihren Häusern wohnen. Sie nahmen jedoch weiterhin ihre Mahlzeiten außerhalb des Hauses in Tischgemeinschaften ein. Die Gruppen, die in Friedenszeiten zusammen trainierten und aßen, stellten im Krieg gemeinsam eine Phalanx.

Frauen in Sparta

Anders als im übrigen Griechenland war der Alltag der spartanischen Frauen nicht ausschließlich von der Familie bestimmt. Die Ehefrau eines Spartiaten überließ den größten Teil ihrer Hausarbeit den Heloten. Für die Erziehung der kleinen Kinder gab es staatliche Ammen, die die Säuglinge bald nach der Geburt an sich nahmen. Die Frauen hatten Zeit für andere Aufgaben: Sie verwalteten die Ländereien ihrer Familie, trieben Sport oder traten in öffentlichen Chören auf. Die spartanischen Frauen wurden zwar nicht für den Kriegsdienst ausgebildet, sie waren aber wie die Männer von Kindheit an damit beschäftigt, an der frischen Luft ihren Körper zu trainieren. Denn sie sollten gesunde Kinder zur Welt bringen, die später zu guten Soldaten heranwachsen würden.

6 Informiere dich mithilfe des Kastens und M4 über die Ausrüstung und die Kampfesweise der Hopliten.

7 Beschreibe M4 und erkläre, warum die Kriegstechnik der Phalanx so wirkungsvoll war.

8 Überlege, warum die Frauen von der Kindererziehung entlastet wurden.

Hopliten
Bezeichnung für schwer bewaffnete griechische Soldaten. Ihre Ausrüstung bestand aus einem Messinghelm, einem Panzer aus Leder mit Metallplatten, der bis zur Hüfte reichte, und Beinschienen. Zur Verteidigung trugen sie einen großen runden Schild und als Waffe einen übermannslangen Speer.

M4 **Eine Phalanx spartanischer Hopliten.** Vasenmalerei, um 640 v. Chr. Flötenspiel und Schlachtgesang begleiteten die Soldaten in den Kampf.

Viele Stadtstaaten – ein Griechenland

M5 Der Lebensweg der Jungen in Sparta

Der folgende Text stammt aus einer Lebensbeschreibung über den spartanischen König Lykurgos (7. Jh. v. Chr.), die der griechische Schriftsteller Plutarch (um 45–120 n. Chr.) verfasst hat.

Das zur Welt Gekommene aufzuziehen unterlag nicht der Entscheidung des Erzeugers, sondern er hatte es an einen Ort zu bringen, wo die Ältesten … das Kind untersuchten und, wenn es wohlgebaut und kräftig war, seine Aufzucht anordneten …; war es aber schwächlich und missgestaltet, so ließen sie es zu … einem Felsabgrund am [Gebirge] Taygetos [bringen]. Denn sie meinten für ein Wesen, das von Anfang an nicht fähig sei gesund und kräftig heranzuwachsen, sei es besser, nicht zu leben, sowohl um seiner selbst wie um des Staates willen … Die Knaben der Spartaner aber [nahm] Lykurgos … selbst alle, sobald sie sieben Jahre alt waren, zu sich und teilte sie in „Horden“, in denen sie miteinander aufwuchsen, erzogen und gewöhnt wurden, beim Spiel wie bei ernster Beschäftigung immer beisammen zu sein. Als Führer der „Horde“ wählten sie sich denjenigen, der sich durch Klugheit und Kampfesmut auszeichnete. Auf ihn blickten sie, hörten auf seine Befehle und unterwarfen sich seinen Strafen, sodass die Erziehung wesentlich in der Übung im Gehorsam bestand … Lesen und Schreiben lernten sie nur so viel, wie sie brauchten; die ganze übrige Erziehung war darauf gerichtet, dass sie pünktlich gehorchen, Strapazen ertragen und im Kampfe siegen lernten … Sobald sie zwölf Jahre alt waren, gingen sie stets ohne Unterkleidung, bekamen nur einen Mantel aufs Jahr … und durften weder baden noch sich salben … Sie schliefen zusammen in Gruppen …
Die Zucht erstreckte sich bis auf die Erwachsenen. Keinem stand es frei zu leben, wie er wollte, sondern sie lebten … nach strengen Vorschriften für all ihr Verhalten und ihre Beschäftigung in der Öffentlichkeit und überhaupt glaubten sie nicht sich, sondern dem Vaterlande zu gehören.

Plutarch, Lykurgos 15–24. Zit. nach Geschichte in Quellen, bearb. von Walter Arend, Bd. 1, 3. Aufl., München (bsv), S. 143 f.

M6 Spartanische Frau, Bronzestatue, Ende 6. Jh. v. Chr.
Im Gegensatz zu anderen Griechinnen trugen die spartanischen Frauen kurze Gewänder.

9 Lies dir M5 durch und schreibe den Lebenslauf eines Spartiaten in einer Tabelle auf.

10 Beschreibe M6 und erläutere, was die Statue über das Leben der spartanischen Frauen aussagt.

11 Verfasse den Brief eines 15-jährigen Spartiaten an einen Verwandten in Korinth. Begründe darin, warum die Erziehung der Kinder und Jugendlichen in Sparta vom Staat übernommen wird.

12 „Sie gehörten ganz dem Vaterland und nicht sich selbst.“ So fasste Plutarch das Leben der Spartaner zusammmen. Viele Griechen hielten Sparta deshalb für die ideale Polis. Welcher Meinung bist du? Notiere Argumente dafür und dagegen.

13 Heute noch gibt es den Ausspruch „Hier herrschen spartanische Verhältnisse“. Was ist wohl damit gemeint?

Athen – Mitbestimmung und Verantwortung für die Bürger?

Schlechte Zeiten in Attika

Für die Bauern in Athen herrschten im 7. Jahrhundert schlechte Zeiten. Sie litten unter der Herrschaft des Adels, der die Könige schon lange von der Macht verdrängt hatte. Schiedssprüche wurden von Adligen nach Belieben gefällt. Zwar stellte der Politiker Drakon um 624 v. Chr. eine größere Rechtssicherheit her, indem er Gesetze aufschreiben ließ, aber die Macht lag weiterhin bei den Adligen. Denn sie allein waren Mitglieder im Adelsrat, dem Areopag*, wo die wichtigen Entscheidungen für die Polis getroffen wurden.

Außerdem machte den Bauern ihre wirtschaftliche Lage schwer zu schaffen: Seitdem es Kolonien im ganzen Mittelmeerraum gab, war die Nachfrage nach Produkten aus Attika stark angestiegen. Davon hatten aber nur die Adligen Nutzen. Oliven und Wein, den Ertrag ihrer riesigen Landgüter, konnten sie im Athener Hafen Piräus mit Gewinn verkaufen. Die kleinen Bauern verarmten zunehmend. Vielen Bauernfamilien blieb nichts anderes übrig als sich zu verschulden. Sie verloren ihr Land und arbeiteten fortan als so genannte Schuldknechte auf den Feldern der adligen Landbesitzer.

M1 Bauernversammlung in Attika

Die folgende Begebenheit ist erfunden, sie könnte sich aber, den Quellen nach zu urteilen, um das Jahr 600 v. Chr. tatsächlich so abgespielt haben:

In der Nacht versammelten sich 40 Bauern aus Kedoi in der Scheune des Lykos. Die Stimmung war schlecht. Nach der Missernte im letzten Jahr litten fast alle Familien Hunger. Schließlich trat Kleophon nach vorn: „Freunde! Wir alle leiden unter der Herrschaft der reichen Landbesitzer. Viele unserer Verwandten wurden ohne Grund von ihrem Land vertrieben oder als Sklaven verkauft. Ihr wisst, welches Schicksal meinen Bruder getroffen hat. Er ist von dem adligen Gration als Sklave in das Bergwerk von Laureion verkauft worden. Warum wurde er verkauft? Weil er Schulden bei Gration hatte. Er konnte das Korn nicht bezahlen, das er bei ihm gekauft hatte. Er hatte es in den Boden gesät und auf eine gute Ernte gehofft. Dann kam die Dürre und hat alles vernichtet. Ihre eigenen Felder haben die Landbesitzer bewässert, unsere nicht. Die Adligen tun, was sie wollen. Wir brauchen ein Gesetz, das uns schützt! Wir müssen für unsere Rechte als freie Bauern kämpfen!" Wie ein Lauffeuer verbreitete sich der Aufruf, gemeinsam gegen den Adel vorzugehen.

Zusammengestellt nach Hans Heumann, Problemorientierter Geschichtsunterricht, Bd. 1, Frankfurt/M. (Cornelsen) 1989, S. 115.

M2 Die Halbinsel Attika im 5. Jahrhundert v. Chr.

1 Stelle mithilfe von M2 fest, wie groß die Polis Athen war. Wo lagen wohl die besten Landgüter?
2 Verfasse ein Flugblatt der attischen Bauern, das auf die Missstände hinweist und Forderungen aufstellt (M1).

Viele Stadtstaaten – ein Griechenland

Bürgerkrieg oder Reformen?

Dem Athener Adel war daran gelegen, dass die Armut der Bauern nicht weiter zunahm. Denn mit der Schlachtordnung der Phalanx gewannen die Bauern als Soldaten an Bedeutung. Die zahlreichen Hopliten, die dafür benötigt wurden, konnte nicht mehr allein der Adel stellen. Die Hopliten mussten ihre Ausrüstung selbst kaufen. So lag es im Interesse aller, dass sie über ein ausreichendes Einkommen verfügten. Solange die Bauern Attikas als Schuldknechte arbeiteten, waren sie nicht in der Lage für ihre Polis in den Krieg zu ziehen. Um 600 v. Chr. hatte sich die Lage so zugespitzt, dass ein Kompromiss zwischen den Bauern und den Adligen gefunden werden musste. Die Athener einigten sich darauf, einen „Schiedsrichter" einzusetzen. Ihre Wahl fiel auf den Athener Solon.

Solon

Solon (um 640–560 v. Chr.) stammte aus einer angesehenen Adelsfamilie in Athen, die allerdings nur wenige Landgüter besaß. Er schrieb Gedichte, in denen er zu Fragen der Politik Stellung nahm. 594 v. Chr. wurde Solon zum Gesetzgeber mit außerordentlichen Vollmachten ernannt.

Plutarch (um 45–120 n. Chr.) beschrieb ihn als einen Mann, „der am ehesten außerhalb des Konfliktes stand, weil er sich weder in ungerechter Weise bereichert hatte noch selbst in Not geraten war".

M4 Gesetze werden veröffentlicht, Rekonstruktionszeichnung, 1999. Ähnlich einer heutigen Litfaßsäule wurden die solonischen Gesetze auf drehbare Holztafeln geschrieben und an öffentlichen Plätzen aufgestellt.

M3 Die Reformen Solons

Durch Solon wurden folgende, in den Quellen überlieferte Reformen durchgeführt:

1. Aufhebung der Schuldknechtschaft: Die Bauern erhalten ihr Land zurück, das sie den Adligen für ihre Schulden überlassen haben. Alle Schulden der Bauern werden gestrichen. In Zukunft darf kein Bürger mehr in Schuldknechtschaft* fallen.
2. Die Bauern, die als Sklaven verkauft worden sind, konnten als athenische Bürger zurückkehren.
3. Beteiligung der Bürger an öffentlichen Angelegenheiten: Die Athener Bürgerschaft wird in vier Vermögensklassen eingeteilt. Die Klassenzugehörigkeit richtet sich nach dem jährlichen Ertrag an Getreide, Wein und Oliven. Alle nehmen an der Volksversammlung teil und leisten Militärdienst.
4. Einführung eines Volksgerichts*: Jeder Bürger hat Anspruch auf ein Gerichtsverfahren, wenn ihm selbst oder einem anderen Bürger Unrecht geschehen ist.

Zusammengestellt nach Der große Ploetz, 32. Auflage, Freiburg (Ploetz) 1999, S. 135.

3 Informiere dich über Solon und erkläre, warum die Athener ihn als „Versöhner" auswählten.

4 Erarbeite aus M3, mit welchen Maßnahmen Solon auf welchen Missstand reagierte. Notiere deine Ergebnisse in zwei Spalten.

5 Stelle mithilfe von M5 fest, zu welchen Vermögensklassen nach Solon die Bürger Kleophon und Gration (siehe M1, S. 93) gehörten.

6 Viele attische Bauern hatten gehofft, dass Solon das ganze Land neu verteilen würde. Überlege, warum Solon darauf verzichtete.

7 Unter Solon haben viele Athener begonnen sich für ihren Stadtstaat verantwortlich zu fühlen. Überlege, wie Solon das erreicht hat.

8 Gration und Kleophon unterhalten sich über die Reformen Solons. Schreibe einen Dialog.

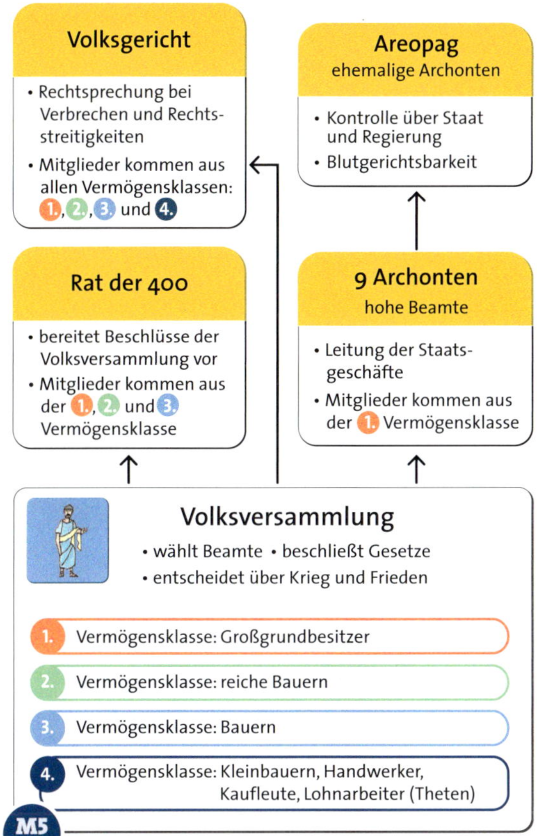

M5 **Öffentliche Aufgaben der Athener Bürger nach den Reformen Solons 594 v. Chr.**

Verfassung/Staatsform

Jeder Staat hat eine Ordnung, in der die Machtverteilung geregelt ist. Alle Bürger haben bestimmte Rechte und Pflichten. Außerdem ist festgelegt, wer den Staat regiert. Diese Ordnung nennt man Staatsform oder Verfassung. Die Griechen unterschieden unter anderem drei Staatsformen:
Monarchie (Herrschaft eines Königs),
Aristokratie (Herrschaft des Adels, siehe S. 84),
Demokratie (Herrschaft des Volkes, siehe S. 108).

Mehr Rechte für die Volksversammlung

Die Ordnung Solons bestand nicht lange. 561 v. Chr. eroberte der Adlige Peisistratos mit Waffengewalt die Athener Akropolis. Er wurde zum Tyrann*, dem alleinigen Herrscher im Stadtstaat. Doch die Alleinherrschaft währte nicht lange. Den Athenern gelang es 508 v. Chr., mit Unterstützung der Spartaner die Söhne des Peisistratos zu entmachten.

Wieder sollte ein Politiker eine „gerechte" Ordnung für den Stadtstaat finden. Als der Athener Kleisthenes das athenische Volk hinter sich gebracht hatte, führte er eine Reform durch, die verhindern sollte, dass Adlige mit ihrer Anhängerschaft um die höchsten Ämter im Staat (Archonten*) kämpften oder sogar eine Tyrannis errichteten. Ganz Attika wurde in 10 Bezirke (Phylen) eingeteilt, aus denen jedes Jahr durch Los 50 Bürger bestimmt wurden. Gemeinsam bildeten sie einen Rat, den Rat der Fünfhundert*, der die Beschlüsse, die die Volksversammlung fassen sollte, vorher beriet. Die Phylen bestanden aus mehreren Dörfern. Dabei wurden jeweils einige Dörfer an der Küste von Attika, einige Dörfer im Landesinnern und einige Stadtteile von Athen durch Los zu einer Phyle zusammengefasst. Es genügte also nicht, dass die Adligen nur in den Dörfern um Anhängerschaft warben, aus denen sie stammten. Wollten sie, dass ihre Vorschläge vom Rat und von der Volksversammlung angenommen wurden, mussten diese von allen Bevölkerungsschichten für gut befunden werden. Kleisthenes zwang damit die Adligen, statt Politik für sich und ihre Anhänger zu machen sich um die Interessen aller Athener zu kümmern.

Um für alle Zeiten eine weitere Tyrannenherrschaft zu verhindern führte Kleisthenes das „Scherbengericht" ein. Wenn die Gefahr bestand, dass ein Bürger zu viel Macht erlangte, konnte er verbannt werden. Für ein Scherbengericht kamen mindestens 6000 Bürger zusammen, die den Namen eines Bürgers auf eine Tonscherbe schrieben. Wer die meisten Stimmen erhielt, musste Athen für zehn Jahre verlassen.

9 Beschreibe das Schaubild M5. Stelle fest, welche politischen Ämter es gab und welcher Vermögensklasse ein Bürger angehören musste um sie zu erlangen.

10 Erarbeite aus dem Darstellungstext die Ziele, die Kleisthenes verfolgte. Zeichne ein Schaubild (nach dem Vorbild von M5), wie die Mitglieder des Rates der Fünfhundert bestimmt wurden.

11 Welche Bevölkerungsgruppen hatten auch nach Kleisthenes keine politischen Rechte?

12 Informiere dich anhand des Kastens über den Begriff „Staatsform". Entscheide dann, welche Staatsformen in Athen bestanden: a) vor Solon, b) nach Solon, c) nach Kleisthenes.

13 Beurteile, ob die Ordnung nach Kleisthenes „gerecht" war.

Bester sein in Olympia

M1 Auf dem Marktplatz von Theben

Die folgende Szene ist erfunden. Sie könnte sich aber im 5. Jahrhundert v. Chr. in der Polis Theben abgespielt haben:

Erzählerin: Es ist Frühling. Auf dem Marktplatz von Theben drängt sich eine vielköpfige Menge und noch immer strömen Menschen aus den verwinkelten Nebengassen herbei. Penelope, ihr Sohn Klitomachos und ihr Nachbar Duris warten gespannt. Zwei Herolde sind in der Stadt eingetroffen um wichtige Neuigkeiten zu melden. Schon seit Wochen sind Sendboten in ganz Griechenland unterwegs. Selbst in die entferntesten Kolonien tragen sie ihre Nachricht.

Herold: Griechen! Hört die Botschaft! Das Fest des Zeus ist wieder gekommen! Das gastliche Elis lädt zu sportlichen Wettkämpfen nach Olympia! Aller Streit soll ruhen! Der Lärm der Waffen schweige! Auf allen Wegen – zu Wasser und zu Land – mögen die Teilnehmer frei und unbehelligt zur heiligen Stätte ziehen! Wer diesen Frieden stört, soll streng bestraft werden.

Penelope: Klitomachos, mein Sohn! Hast du gehört? Die vier Jahre Wartezeit sind endlich vorbei! Du wirst nach Olympia reisen und dir den Siegeskranz holen!

Klitomachos (ihm ist die Begeisterung seiner Mutter peinlich): Aber Mutter, beruhige dich doch. Bis zum Beginn der Wettkämpfe vergehen noch Monate.

Duris: Olympia, Olympia! Wer will schon nach Olympia? Diese lange, beschwerliche Reise in der Sommerglut. Und dort? Da bist du eingepfercht in der großen Menge. Dazu die Fliegen, der Dreck und Staub! Doch, Penelope, ich kann mir vorstellen, dass du dies alles erträgst um des denkwürdigen Schauspiels willen.

Penelope (seufzt): Wie Recht du hast! Ach wäre es uns Frauen doch nur gestattet, bei den Wettkämpfen zuzuschauen. Wenigstens ein einziges Mal. Ich gäbe mein halbes Leben, könnte ich Klitomachos siegen sehen.

Duris: Dummes Geschwätz. Hast du nachgerechnet, was die Reise dorthin kostet? Außerdem: Wie soll ich meine Töpferwerkstatt wochenlang alleine lassen? Wer zahlt mir den Verdienstausfall? Zeus bestimmt nicht, wenn ich an seinem Fest teilnehme.

Klitomachos (beleidigt): Kannst du denn immer nur von Unbequemlichkeiten und Kosten reden? In Olympia geht es um höhere Werte als um das banale Geld! Weshalb plage ich mich wohl seit Monaten im Gymnasion und trainiere täglich meine Muskeln? Doch nur für dich und alle Thebaner zum Ruhme unserer Stadt!

Duris (spöttisch): Soso! An deinen eigenen Ruhm denkst du wohl gar nicht? Ich wette, du träumst seit Monaten von einem Standbild auf dem Marktplatz mit der Inschrift: ‚Klitomachos, Sieger in Olympia'.

Penelope (ärgerlich): Deine Spottsucht wird dir noch vergehen. Diesmal gewinnt mein Klitomachos den Faustkampf. Seinen Namen wird man in ganz Griechenland rühmen.

Duris: Dir geht es doch nur um die lebenslange Steuerbefreiung und um die Verpflegung deines Sohnes zu Lasten der Stadtkasse – falls er gewinnen sollte.

Ein Trompetensignal ertönt.

Herold: Griechen! Die Festspiele des Zeus werden fünf Tage dauern. Sie finden nach der Sommersonnenwende statt. Alle Athleten, die an den heiligen Wettkämpfen teilnehmen wollen, müssen einen Monat vor Beginn der Spiele in Olympia eingetroffen sein. Wer ohne wichtigen Grund später erscheint, wird vom Wettkampf ausgeschlossen.

Klitomachos: Das passiert übrigens oft. Es gibt genug Gründe: Schiffbruch zum Beispiel, Piraterie oder Krankheit. In solchen Fällen drücken die Schiedsrichter aber fast immer ein Auge zu.

Erzählerin: Die Herolde gehen.

Penelope: Komm, Klitomachos, lass uns nach Hause gehen. Es ist Zeit zum Abendessen.

Nach Wulfhild Sydow, Hörspiele im Geschichtsunterricht: Auf nach Olympia, Berlin, 1998.

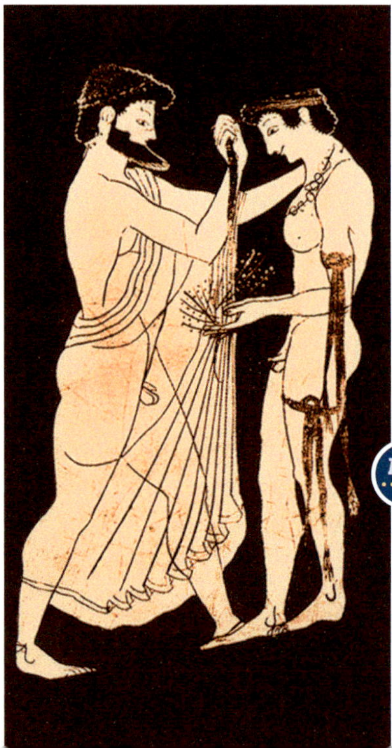

M2 Olympiasieger. Vasenmalerei, 6 Jh. v. Chr. Der Gewinner eines Wettkampfes bekam das Preisband und den Zweig eines wilden Ölbaums verliehen.

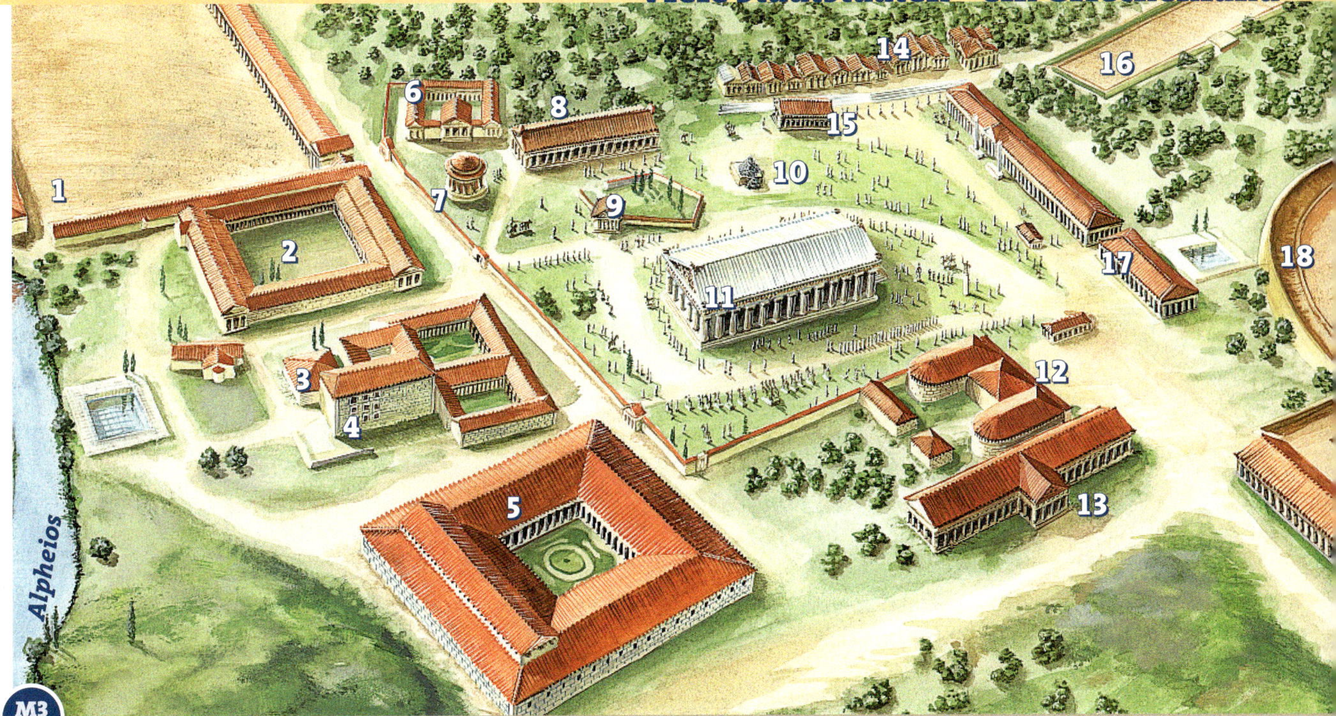

M3 **Die Anlage des heiligen Bezirks von Olympia,** Rekonstruktionszeichnung, 1995. 1 – Gymnasion (Sportplatz), 2 – Trainingsplatz für Ringer und Faustkämpfer, 3 – Amtssitz der olympischen Priester, 4 – Werkstatt des Bildhauers Phidias (hier wurde die Statue des Zeus hergestellt), 5 – Gästehaus, 6 – Amtssitz hoher Verwaltungsbeamter, 7 – Grab des Königs Philipp, 8 – Heratempel, 9 – Grab des Königs Pelops (nach ihm wurde die griechische Halbinsel Peloponnes benannt), 10 – Zeusaltar, 11 – Zeustempel mit Zeusstatue, 12 – Buleuterion (hier wurde der olympische Eid abgelegt), 13 – Südhalle, 14 – Schatzhäuser, 15 – Tempel der Kybele, 16 – Stadion (Bahn für Wettläufe), 17 – Ostbäder, 18 – Pferderennbahn.

M4 Der Ablauf der Olympischen Spiele

Nach diesem Programm liefen die Olympischen Spiele im 5. Jahrhundert v. Chr. ab:

1. Tag: Feierliche Eröffnung der Spiele durch Opfer im heiligen Bezirk. Aufstellung der Kämpferlisten. Die Athleten leisten den olympischen Eid vor dem Standbild des Zeus.

2. Tag: Wagenrennen. Fünfkampf, bestehend aus Diskus, Weitsprung, Speerwurf, Stadionlauf (192 m), Ringen. Totenopfer für Pelops.

3. Tag: Festprozession zum heiligen Bezirk. Entzünden der Fackeln am Altar der Göttin Hestia. Teilnehmer an der Prozession sind: Herolde und Trompeter, Kampfrichter, Priester und Opfertiere, Vertreter der Behörden und „ausländische" Gesandtschaften, die Wettkämpfer, Pferde und Wagen der Teilnehmer an den Wagenrennen. Am Altar vor dem Zeustempel wird das heilige Opfer dargebracht. Am Abend findet ein großes Festessen statt.

4. Tag: Schwerathletische Kämpfe: Ringen, Faustkampf, Allkampf, Waffenlauf.

5. Tag: Siegerehrung im Zeustempel. Dankopfer zu Ehren des Zeus.

Zusammengestellt nach Heinz Dieter Schmid, Fragen an die Geschichte, Bd. 1, 6. Aufl., Berlin (Cornelsen) 1983, S. 46.

1 Sammle alle Informationen über die Wettkämpfe in Olympia, die du in M1 und M3 findest. Ziehe Lexika und Sachbücher zu Rate.

2 Erarbeite aus M3, welchen Verwendungszweck die einzelnen Gebäude hatten.

3 Erkläre, warum das Olympiagelände „heiliger Bezirk" genannt wurde.

4 Stelle zusammen, in welchen der in M4 aufgelisteten Sportarten auch heute noch Wettkämpfe ausgetragen werden.

Viele Stadtstaaten – ein Griechenland

M5 Sportarten, Vasenmalerei, um 520 v. Chr.

Olympische Spiele

Die ersten Olympischen Spiele, von denen wir wissen, fanden im Jahr 776 v. Chr. statt. Alle vier Jahre veranstaltete die auf dem Peloponnes gelegenen Stadt Elis sportliche Wettkämpfe zu Ehren des Göttervaters Zeus. Der Wettkampfort war das alte Heiligtum Olympia. Aus allen griechischen Poleis reisten Sportler und Zuschauer an, denn die Griechen spürten besonders bei den sportlichen Wettkämpfen ihre Zusammengehörigkeit. Wie heute bei sportlichen Veranstaltungen gab es feste Regeln und Preise. Ein Verstoß gegen die Regeln wurde mit einem hohen Strafgeld belegt. Für verheiratete Frauen, Nichtgriechen und Unfreie war es streng verboten, den heiligen Bezirk von Olympia zu betreten. Während der Olympischen Spiele musste in ganz Griechenland der Frieden eingehalten werden. Den Zeitraum zwischen den Spielen nannten die Griechen Olympiade. Er bildete die Grundlage des griechischen Kalenders.
Im 5. Jahrhundert n. Chr. wurden die Spiele vom christlichen Kaiser Theodosius I. abgeschafft, weil sie als heidnisch galten. Die ersten Olympischen Spiele der Neuzeit fanden 1896 in Athen statt. Auch heute noch legen die Sportlerinnen und Sportler zu Beginn der Spiele ein Gelöbnis ab. Sie versprechen die Regeln zu achten, zum Ruhme des Sports und zur Ehre der Mannschaften zu kämpfen.

M6 Mehr als ein Wettkampf

Der Redner Isokrates (436–338 v. Chr.) schrieb über die griechischen Feste:

Mit Recht werden unsere Vorfahren gelobt, weil sie unsere Festversammlungen stifteten und uns dadurch eine Sitte überlieferten, die uns so viel Gutes bringt. Seither kommen wir zu den verschiedenen Spielen zusammen, sobald der Gottesfriede verkündet ist und alle Feindschaften begraben sind. Wir bringen hier gemeinschaftlich unsere Opfer dar, verrichten gemeinsam Gebete, werden uns unserer Verwandtschaft bewusst, erneuern Gastfreundschaften und schließen für die Zukunft neue Freundschaften.

Isokrates, Reden. Übers. d. Verf.

M7 Wettlauf der Frauen, Vasenmalerei, 5. Jh. v. Chr.
Zu Ehren der Göttin Hera wurden alle vier Jahre zwischen den Olympischen Spielen Frauenwettkämpfe ausgetragen. Es gab nur eine einzige Übung: einen Lauf von ca. 160 Metern, der in drei Altersklassen ausgetragen wurde.

5 Beschreibe M5 und nenne die abgebildeten Sportarten.
6 Arbeite aus M5 heraus, auf welche Weise der Vasenmaler den Wettkampf unter den Sportlern verdeutlicht.
7 Erläutere, wie der Verfasser von M6 die Olympischen Spiele beschreibt. Vergleiche seine Auffassung mit M5.

M8 Reicht es, dabei zu sein?

Der Historiker Karl-Wilhelm Weeber vergleicht die Olympischen Spiele in Griechenland und heute (1991):

„Dabei sein ist alles“ heißt die moderne olympische Devise[1] und dem, der an sie glaubt, nimmt sie eine Menge Erfolgsdruck … Wie aber sollte ein griechischer Athlet dazu in der Lage sein, wenn der gewaltige Erfolgsdruck siegen zu müssen auf ihm lastete? Denn das erwarteten seine Landsleute von ihm. Wurde er den Erwartungen nicht gerecht, so war das eine unangenehme Sache für den Sportler … Die Niederlage – und das heißt: alle Platzierungen bis auf den ersten Platz – galt als Schmach … Um sie abzuwenden taten die Athleten und ihre Trainer folglich fast alles – bis hin zu illegalen Praktiken. Es muss ein … Klima aus extremem Ehrgeiz, heftigem Konkurrenzdenken … und belastenden Versagensängsten gewesen sein, das über den … Wettkämpfen lag.

Karl-Wilhelm Weeber, Die unheiligen Spiele. Das antike Olympia zwischen Legende und Wirklichkeit, Zürich (Artemis) 1991, S. 206 f. Bearb. d. Verf.

1 Kennwort

M9 Olympische Spiele in Athen, Foto, 2004

8 „Das antike Griechenland – im Wettkampf verbunden“. Trifft dieser Spruch für die Olympischen Spiele zu? Sammle mithilfe des Kastens S. 98 Argumente für und gegen diese Behauptung.

9 Erläutere, welche Rolle Frauen bei Sportwettkämpfen in Griechenland spielten (Kasten S. 98, M7). Was hat sich für sie in der Neuzeit verändert?

10 Arbeite heraus, wie der Verfasser von M8 die Situation der Athleten im antiken Griechenland beschreibt. Vergleiche mit M1, S. 96.

11 Beschreibe M9. Prüfe, ob das Bild etwas über den Erfolgsdruck der Sportlerinnen aussagt. Achte auf Gesichtsausdruck, Körperbau und Kleidung.

12 Kritische Stimmen behaupten, dass bei den heutigen Sportwettkämpfen weniger der Sport als die Gewinnabsichten der Veranstalter und die Werbung im Vordergrund stehen. Welche Anhaltspunkte findest du dafür in M9? Vergleiche mit anderen großen Sportveranstaltungen (z. B. Fußball, Eishockey).

Bei den Olympischen Spielen – eine Reportage verfassen

Verfasst in Partnerarbeit eine Reportage über die Olympischen Spiele in der Antike. Nehmt die Seiten 96 bis 99 zu Hilfe und zieht weitere Informationen (Jugendbücher, Sachbücher) mit heran.
Beachtet, dass eine Reportage über Zustände und Ereignisse berichtet. Sie soll sachlich angelegt sein, kann aber, z. B. bei Sportreportagen, auch Gefühle des Reporters ausdrücken. Kurze Sätze und als Zeitform das Präsens sind weitere Merkmale einer Reportage.
Themenvorschläge: Ein Gang durch die Anlage des heiligen Bezirks von Olympia – Der erste Wettkampftag – Bei den Leichtathleten – Bei den Schwerathleten – Im Zeustempel: Siegerehrung und Dankopfer zu Ehren des Zeus – Rückkehr in die Heimat.

Was sagen Kunstwerke aus?

Kunstwerke sind historische Quellen

Kunstwerke wie zum Beispiel Statuen, Bauwerke oder Gemälde vermitteln uns eine anschauliche Vorstellung vom Alltag, von der Wirtschaft oder der Politik in früheren Zeiten. Sie teilen uns auch viel über die Ideen und den Geschmack der Menschen mit, die die Kunstwerke damals schufen oder bewunderten. Im Unterschied zu schriftlichen Quellen sind Kunstwerke oft schwerer zu entschlüsseln. Wie bei der Entschlüsselung eines Bildes (siehe S. 56 f.) stellst du Fragen an das Kunstwerk.

M1 **Amphore (Aufbewahrungsgefäß).** Die Tonvase wurde 894 v. Chr. in einer Athener Werkstatt hergestellt.

Arbeitsschritte: Entschlüsselung eines Kunstwerkes

1. Schritt: Künstlerische Auswertung

a) Was ist dargestellt? Aus welchem Material wurde es geschaffen?

b) Wie wirkt das Dargestellte auf mich? Warum gefällt es mir (nicht)? Was wirkt fremd, was kommt mir bekannt vor?

c) Wie bildet der Künstler die Natur ab? Achte auf Einzelheiten des menschlichen Körpers und der abgebildeten Gegenstände.

2. Schritt: Historische Auswertung

d) Wann, wo und für welchen Zweck ist das Kunstwerk entstanden? Beachte die Bildlegende.

e) Welche Informationen vermittelt das Dargestellte über den Allltag, die Wirtschaft oder die Politik der damaligen Zeit? Beachte die Kleidung, Frisur, Einrichtungsgegenstände, Waffen, Tiere usw.

f) In welcher Beziehung stehen die dargestellten Personen zueinander?

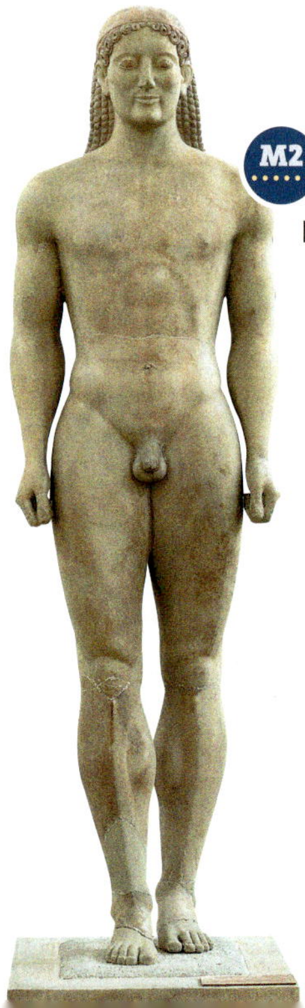

M2 **Attischer Jüngling („Kuros“),** Marmorstatue aus Attika, um 530 v. Chr. Mit diesen Statuen junger Männer („Kuroi“) schmückten die Griechen Heiligtümer und Tempel.

Auswertung M1 (Stichworte)

a) Mit geometrischen Mustern verzierte Tonvase; im Bauchteil Darstellung von Soldaten auf Streitwagen, darunter Hopliten.

b) Wirkt ruhig durch regelmäßiges Muster; warme Farben; Kriegsszene auf einer Vase ungewohnt.

c) Menschen und Pferde in einfachen Pinselstrichen gezeichnet, ungenaue Größenverhältnisse, Gesichter nicht zu erkennen; „Strichmännchen“.

d) 894 v. Chr., Töpferwerkstatt in Athen, Verzierung eines Gebrauchsgegenstandes.

e) Hopliten mit Schild, Speer, Helm, Beinschienen bewaffnet (siehe S. 91).

f) Soldaten kämpfen gemeinsam.

Die Kunst der Griechen

Tempel und Statuen, bemalte Schalen und Vasen zeugen von dem großen handwerklichen und künstlerischen Können der Griechen. Heute noch beeindrucken uns die Genauigkeit und die Klarheit der Formen, mit denen die Griechen uns ihre Vorstellung von idealer Schönheit überliefert haben. Die Darstellungsweise der Kunstwerke veränderte sich im Laufe der Jahrhunderte. Kunsthistoriker teilen die griechische Kunst in folgende Epochen ein:

- Die geometrische Kunst (11.–8. Jahrhundert v. Chr.)
- Die archaische Kunst (8.–6. Jahrhundert v. Chr.)
- Die klassische Kunst (5.–4. Jahrhundert v. Chr.)
- Die hellenistische Kunst (4.–1. Jahrhundert v. Chr.)

M3 Grabrelief einer Frau mit Dienerin, Marmor, Athen, Anfang 4. Jh. v. Chr. Die Verstorbene legt ihren Schmuck an, bevor sie sich auf den Weg in die Unterwelt („Hades") begibt. Weibliche Figuren wurden in der griechischen Kunst fast immer bekleidet dargestellt.

M4 Faustkämpfer nach dem Sieg, Bronzestatue, Rom, um 50 v. Chr.

1 Beschreibe die beiden Figuren M2 und M4 mithilfe der Arbeitsschritte S. 98. Erläutere die Unterschiede in der Darstellungsweise.

2 Prüfe bei allen Kunstwerken dieser Doppelseite, welche Informationen du über das Leben in Griechenland erhältst.

3 Nicht nur Vasen und Statuen sind Kunstwerke. Suche in diesem Kapitel Abbildungen, von denen du meinst, dass sie Kunstwerke darstellen. Stelle sie anhand der Arbeitsschritte S. 100 in der Klasse vor.

Athen festigt sich nach innen und außen

M1 **Der persische Herrscher,** Relief, um 500 v. Chr. König Dareios I. empfängt ausländische Gesandte. Ein hoher Beamter begrüßt den Großkönig mit der Kusshand und anschließendem Fußfall („Proskynese").

Krieg gegen das Großreich Persien

M2 **Tributpflichtige aus Assyrien, Baktrien und Indien,** persisches Steinrelief aus dem Palast in Persepolis, um 470 v. Chr.

Zwei ungleiche Nachbarn?

Im Norden und Osten grenzte Griechenland an einen Staat, der sich in fast allem von der Poliswelt unterschied: das Persische Reich. Dieses Land, dessen Zentrum am Ostufer des Persischen Golfs lag, hatte seit 550 v. Chr. zahlreiche kleinere Königreiche erobert und sich weiter nach Westen ausgedehnt. Die griechischen Städte Kleinasiens, die im Osten des Mittelmeers lagen, befanden sich unter persischer Herrschaft und waren dem Großkönig zu hohen Tributzahlungen verpflichtet. Um 500 v. Chr., also gerade zu der Zeit, als die Athener nach Unruhen und Tyrannis ihre Polisordnung erneuert hatten, drohte Griechenland nun große Gefahr von außen: Als Rache für Aufstände der griechischen Städte Kleinasiens beschloss der persische Herrscher ganz Griechenland zu unterwerfen. Am Ende einer Reihe von grausamen Kriegen, die auf griechischer wie persischer Seite viele Opfer forderten, konnte schließlich die Athener Flotte das persische Heer besiegen. Wie gelang es den Athenern, sich und die anderen Poleis gegen das Persische Großreich zu verteidigen? Welche Folgen hatte der griechische Sieg für die Polis Athen?

1 Beschreibe die Abbildungen M1 und M2. Finde heraus, was über das Persische Reich und seinen Herrscher ausgesagt wird.

Athen festigt sich nach innen und außen

M3 Das Persische Reich um 500 v. Chr.

M4 Xerxes über den Krieg mit Griechenland

Der griechische Geschichtsschreiber Herodot (um 485–425 v. Chr.) legte später dem persischen Großkönig Xerxes (gest. 465 v. Chr.) folgende Worte in den Mund:

Ich will eine Brücke über den Hellespont schlagen und ein Heer … nach Hellas führen um die Athener zu bestrafen für alles, was sie den Persern und meinem Vater angetan haben. Ihr habt gesehen, wie schon mein Vater Dareios zum Zug gegen dies Volk gerüstet hat. Aber er ist gestorben und konnte den Rachezug nicht mehr ins Werk setzen. Darum will ich nicht ruhen, bis ich für ihn und ganz Persien Rache geübt und Athen erobert und niedergebrannt habe, das den Streit mit mir und meinem Vater angefangen hat.

Herodot 7, 8 ff. Zit. nach Geschichte in Quellen, Bd. 1, bearb. von Walter Arend, 3. Aufl., München (bsv) 1978, S. 175.

2 Bestimme mithilfe der Karte M3 die Ausdehnung des Persischen Reichs. Welche Staaten befinden sich heute auf diesem Gebiet?

3 Informiere dich über das Persische Reich und vergleiche seine Staatsform mit der Athens (Kasten).

4 Beschreibe, wie Xerxes den Krieg begründet (M4). Welche Einstellung Herodots zu dem persischen Großkönig ist erkennbar?

5 Schreibe auf, wie ein persischer Historiker den Kriegsbeginn dargestellt hätte. Hilfe findest du im Kasten.

Das Persische Reich

Seit 550 v. Chr. bauten die Perser ein Reich auf, in dessen Grenzen eine Vielzahl von Völkern lebte. Der Großkönig Dareios I. (522–486 v. Chr.) gab dem Reich eine straffe Verwaltung. Er teilte es in Herrschaftsbezirke, so genannte Satrapien, ein, an deren Spitze jeweils ein Statthalter stand. Der Statthalter führte die Aufsicht über die jährlichen Abgaben der unterworfenen Völker. Solange diese ihren genau festgelegten Tribut entrichteten, konnten sie weiter nach ihren Sitten leben und ihre Religion ausüben. Dareios ließ große Fernstraßen bauen, schuf ein Postsystem und führte eine einheitliche Währung für das ganze Land ein. Um sein riesiges Reich kontrollieren zu können verwendete der Großkönig die meisten seiner Einkünfte für die königliche Verwaltung und sein Heer. Auch in den einzelnen Satrapien wurden eigene Truppen aufgestellt.
Zu dem ersten Konflikt zwischen Dareios und den Griechen kam es 494 v. Chr. Die griechischen Städte Ioniens wagten mit Unterstützung Athens einen Aufstand. Die Perser zerstörten daraufhin Milet und schlugen die Aufständischen nieder. Darauf zog das persische Heer dreimal nach Griechenland. Dareios' Sohn Xerxes erlitt 479 v. Chr. vor Athen die entscheidende Niederlage.

Athen festigt sich nach innen und außen

M5 Griechenland und der persische Feldzug 480–479 v. Chr.

Die Schlacht bei Salamis

Als das persische Heer 480 v. Chr. gegen Griechenland zog, befand sich Xerxes auf dem Höhepunkt seiner Macht. Er hatte den Feldzug sorgfältig vorbereitet. Am Berg Athos ließ der Großkönig eigens einen Kanal anlegen und den Hellespont überschritt er auf einer speziell konstruierten Schiffsbrücke. Flotte und Landheer gingen gemeinsam vor. Den ersten Widerstand fanden sie an den Thermopylen. Dort hatten die Griechen den Landweg an einem schmalen Bergpass abgeriegelt. Die Schlacht, die dort stattfand, ist sehr berühmt geworden, denn das kleine griechische Heer unter Führung des Spartaners Leonidas verteidigte sich zunächst erfolgreich gegen die Übermacht. Erst nach einem Verrat wurde es eingekreist und besiegt. Auf dem Land marschierten persische Soldaten nun ungehindert nach Attika. Die Bevölkerung Athens wurde angesichts dieser Gefahr evakuiert. Die Perser zerstörten die ganze Stadt mit der Akropolis.
Doch nicht zu Lande, sondern zur See in der Meerenge bei Salamis fand 480 v. Chr. die Entscheidungsschlacht statt. Xerxes, der von einem Aussichtsplatz dem Sieg der persischen Übermacht zusehen wollte, erlebte deren Niederlage: Wie der Führer der attischen Flotte Themistokles vorausgesehen hatte, behinderten sich die großen persischen Schiffe in der Meerenge gegenseitig und wurden von der beweglicheren Flotte der Griechen geschlagen.

Die Athener Flotte

Die Flotte Athens wurde von dem Feldherrn Themistokles unter der Bedrohung durch die Perserkriege ausgebaut. Im Jahr 480 v. Chr. verfügte sie über 200 Kriegsschiffe, so genannte Trieren. Eine Triere war ein Segelboot, das im Gefecht auch von bis zu 180 Ruderern fortbewegt werden konnte. Die Ruderer der griechischen Flotte waren landlose Athener (= Theten) oder Sklaven. Sie saßen in drei Reihen übereinander und bewegten das Schiff mit einer Geschwindigkeit von bis zu 30 Stundenkilometern vorwärts. Bei längeren Fahrten mussten sie bis zu 17 Stunden pro Tag rudern.

6 Informiere dich mithilfe der Karte M5 über den Feldzug der Perser 480/79 v. Chr.:
a) Welchen Weg nahmen die Flotte und das Heer des Xerxes?
b) An welchen Orten fanden Schlachten statt und wie gingen sie aus?

7 Sammle Gründe dafür, dass es den Griechen gelang, das persische Heer zu schlagen (Darstellungstext, M7, Kasten).

M6 Wozu ein Krieg?

Der griechische Geschichtsschreiber Herodot (um 485–425 v. Chr.) schilderte ein Gespräch, das zwei spartanische Gesandte mit dem persischen Feldherrn Hydarnes vor der Schlacht bei Salamis geführt haben sollen:

„Ihr lakedaimonischen[1] Männer! Warum sträubt ihr euch denn Freunde des Großkönigs zu werden? Ihr seht doch, wie der Großkönig wackere Männer zu ehren weiß. Ihr braucht da nur auf mich und meine Verhältnisse zu schauen. So könnt auch ihr, wenn ihr euch dem Großkönig ergeben würdet, wohl jeder von euch über ein Gebiet in Hellas herrschen, das euch der Großkönig anweisen würde." Darauf gaben sie folgende Antwort: „Hydarnes! Der Rat, der sich auf uns bezieht, ist nicht gleichmäßig ausgewogen. Beim einen Teil stützest du dich auf deine eigene Erfahrung, bei dem anderen Teil fehlt sie dir. Was es heißt, Sklave zu sein, das weißt du, mit der Freiheit aber hast du noch keine Erfahrungen gemacht und weißt nicht, ob sie süß ist oder nicht. Denn wenn du sie gekostet hättest, würdest du uns raten, nicht nur mit Speeren, sondern sogar mit Äxten für sie zu kämpfen."

Herodot, Historien VII, 135, übers. von Walter Sontheimer, Stuttgart 1974.

1 spartanischen

8 Arbeite aus M6 die Argumente heraus, mit denen die Griechen das Angebot des Hydarnes ausschlagen.
9 Vergleiche die beiden Standpunkte. Welche Einstellung haben die Personen zu ihrem Staat?
10 Überlege, warum Herodot dieses kurze Gespräch vermutlich für die Nachwelt aufgeschrieben hat.

Die Folgen der Perserkriege

Nach der Niederlage bei Salamis floh das persische Heer nach Kleinasien. Wenig später zerstörten die Athener in Mykale die persische Flotte und befreiten die griechischen Städte Kleinasiens. Athen schloss sich mit den Küstenstädten und Inseln der Ägäis zum Delisch-Attischen Seebund zusammen. Die Einheit der Griechen sollte gestärkt werden um in Zukunft einer persischen Bedrohung besser standzuhalten. Dafür, dass Athen den größten Teil der gemeinsamen Flotte stellte, verlangte es eine Kostenbeteiligung in Form von Schiffen mit Mannschaften oder von Geld. Die Bündnisbeiträge wurden in die Bundeskasse gezahlt, die auf neutralem Boden, auf der Insel Delos, aufbewahrt wurde. Athen gewann immer mehr Einfluss auf die Verwendung des Geldes. Schließlich wurde die Bundeskasse nach Athen gebracht. Sparta hatte bereits 550 v. Chr. ein ähnliches Bündnis auf der Peloponnes gegründet, den Peloponnesischen Bund. Beide Bündnisse konkurrierten nun um die Vorherrschaft.

M7 **Triere**, Nachbau, Foto, 1989. Vorne ist der Rammsporn sichtbar, mit dem das gegnerische Schiff von der Seite gerammt und versenkt wurde.

11 Stelle dir folgende Situation vor: Der Thete Glaukos kehrt nach der Schlacht bei Salamis nach Athen zurück. Entwirf in Partnerarbeit ein Interview, das ein griechischer Reporter mit Glaukos geführt haben könnte. Die Überschrift lautet „Kampf gegen die Perser".
12 Erkläre den „Delisch-Attischen Seebund".

Hegemonie

Griechische Bezeichnung für die politische, wirtschaftliche oder militärische Vormachtstellung eines Staates innerhalb einer Gruppe von Staaten. In Griechenland baute Sparta seine Hegemonie im 7. Jahrhundert v. Chr. durch die Eroberung der Peloponnes auf. Athen erlangte die Hegemonie unter den Stadtstaaten des Delisch-Attischen Seebundes.

Demokratie in Athen

M1 Die Agora, Rekonstruktionszeichnung, 1999

Athen verändert sich

Wir begleiten den 16-jährigen Kleon im Jahr 442 v. Chr. auf einem Spaziergang durch Athen: Von der Akropolis tönt Baulärm herüber. Am höchsten Ort der Stadt soll Athene ein prachtvoller Tempel errichtet werden. Denn ohne den Beistand der Schutzgöttin hätte der mutige Kampf der Griechen gegen die Perser keinen Erfolg gehabt. Kleon blickt über die Stadt: Unten auf der Agora herrscht geschäftiges Markttreiben. Seitdem Perikles in Athen das Sagen hat, verändert sich ständig etwas. Überall wird gebaut: Tempel, Wohnhäuser, Straßen ... Um Athens Zugang zum Meer zu schützen ist die breite Straße zum Hafen Piräus gesichert worden. Die „Langen Mauern" sind jetzt schon berühmt in ganz Griechenland. Stolz hat Kleon neulich seinen Onkel aus Eretria dorthin geführt. Der hat aber nur laut geschimpft. Dass die Bauwerke Athens auf Kosten der Bundeskasse entstehen, findet er nicht in Ordnung. Die Polis Eretria zahlte einen hohen Beitrag in die gemeinsame Kasse des Seebundes! Warum aber solle seine Heimatstadt für Athen in die Tasche greifen?

Die Pnyx

Im Südwesten liegt die Pnyx. Auf diesem in eine Felskuppe gehauenen Platz findet 40-mal im Jahr die Volksversammlung der Athener statt. Dicht gedrängt stehen dann die Männer zusammen. Gut, dass nie alle Mitglieder Zeit haben an der Volksversammlung teilzunehmen. Denn über 20 000 Personen würden hier niemals Platz finden! Die Versammlung kann über alles abstimmen, auch über die kleinsten Dinge. Jeder hat das Recht auf der Pnyx zu reden. Tatsächlich aber gehört einiges dazu, eine Versammlung dieser Größe zu überzeugen. Nur die Männer mit genügend Bildung, Erfahrung und Redekunst bringen Anträge ein. Sie heißen Demagogen*. Perikles ist das beste Beispiel: Von seinen Auftritten auf der Pnyx spricht ganz Athen. Den armen Athenern, von denen viele als Ruderer den Sieg gegen die Perser errungen haben, hat er neulich noch mehr politische Rechte versprochen. Kein Wunder, dass gerade sie ihn zum Feldherrn gewählt haben.

Der Areopag

Nicht weit von der Pnyx liegt der Areopag*. Nach diesem Hügel wird auch der Rat genannt, der hier tagt. Früher war der Areopag das wichtigste Gericht und er kontrollierte die Beamten. Im Areopag saßen reiche und einflussreiche Adlige, die vorher hohe Ämter in Athen innegehabt hatten. Seitdem haben sich die Zeiten aber geändert. Kleons Vater erzählt noch oft, welchen Aufruhr es 461 v. Chr. gab, als die Macht des Adelsrats endgültig gebrochen wurde. Damals war es Ephialtes und seinen Anhängern, den Theten, gelungen, die Volksversammlung auf ihre Seite zu bringen. Der Areopag hatte seitdem nur noch die Aufgabe bei Mordfällen das Urteil über Leben und Tod zu sprechen. Sämtliche Regierungsaufgaben waren an den Rat der Fünfhundert und an die Volksversammlung gefallen. Seit dieser Zeit, so hatte der Vater erklärt, herrsche in Athen die Staatsform der Demokratie.

M2 Ein Bauprogramm für Athen

Der griechische Schriftsteller Plutarch (um 45–120 n. Chr.) berichtete, dass der Politiker Perikles 450 v. Chr. ein großes Bauprogramm durchsetzte:

Perikles legte dem Volk großartige Pläne für Unternehmungen und Bauten vor, welche viele Handwerker für lange Zeit beschäftigen konnten. Auf diese Weise wollte er den Bürgern, die zu Hause blieben, genauso wie den Schiffsmannschaften ... und den Truppen im Felde die Möglichkeit bieten aus dem Bundesschatz Nutzen und Vorteil zu ziehen. Vielerlei Materialien wurden benötigt, Steine, Erz, Elfenbein, Gold, Eben- und Zypressenholz, und zu ihrer Bearbeitung brauchte es mancherlei Handwerker, so Zimmerleute, Bildhauer, Kupferschmiede, Steinmetzen, Färber, Goldarbeiter, Elfenbeinschnitzer, Maler, Sticker, Graveure. Die Transporte zur See brachten den Reedern, den Matrosen und Steuerleuten Beschäftigung, diejenigen zu Lande den Wagenbauern, Pferdehaltern und Fuhrleuten, den Seilern, Leinewebern, Sattlern, Straßenbauern und Bergknappen.

Plutarch, Leben des Perikles, Kap. 12, übers. von Walter Wuhrmann, München (dtv) 1981, S. 310f.

Der Rat der Fünfhundert

Am Rand der Agora kann Kleon die beiden viereckigen Gebäude erkennen, in denen die Ratsvorsitzenden tagen. Kleon erinnert sich noch gut an das Jahr, als sein Vater in den Rat der Fünfhundert gelost worden war. Er half dort die Volksversammlungen vorzubereiten und wachte mit darüber, dass die Beamten Athens die Beschlüsse der Volksversammlung richtig ausführten. Für einen Monat führen 50 der Ratsmitglieder den Vorsitz im Rat der Fünfhundert. Während dieser Zeit wohnen sie im Zentrum der Stadt. Kleon hatte nach der Schule immer den Umweg über die Agora gemacht um einen Blick von seinem Vater zu erhaschen, wenn der zum Essen in den Rundbau hinüberging.

Das Volksgericht

Voller Ehrfurcht blickt Kleon auf den ummauerten Platz, der neben der breiten Marktstraße liegt. Jeden Tag werden hier die Richter für die einzelnen Abteilungen des Volksgerichts ausgelost. So verhindern die Athener, dass Kläger oder Angeklagte die Richter vor dem Prozess bestechen können. Neuerdings werden die Richter und alle anderen Athener, die ein Amt erhalten haben, aus der Staatskasse bezahlt. Schließlich sollen auch die ärmeren Bürger die Möglichkeit haben ein politisches Amt zu übernehmen. Ohne die Bezahlung der so genannten Diäten könnten sie es sich nicht leisten, ihre Landwirtschaft oder ihren Handwerksbetrieb zu verlassen.

1 Kleon spricht davon, dass sich in Athen viel verändert hat. Liste die Veränderungen auf.
2 Arbeite aus M2 heraus, welche Absicht Perikles mit den zahlreichen Neubauten in Athen verfolgte.
3 Über die Baupolitik des Perikles waren sich die Zeitgenossen uneins. Stelle fest, welche Bevölkerungsgruppe die Politik des Perikles unterstützte und wer dagegen war. Begründe warum (Darstellungstext, M2).

Athen festigt sich nach innen und außen

M3 **Die Verfassung der attischen Demokratie nach 461 v. Chr.**

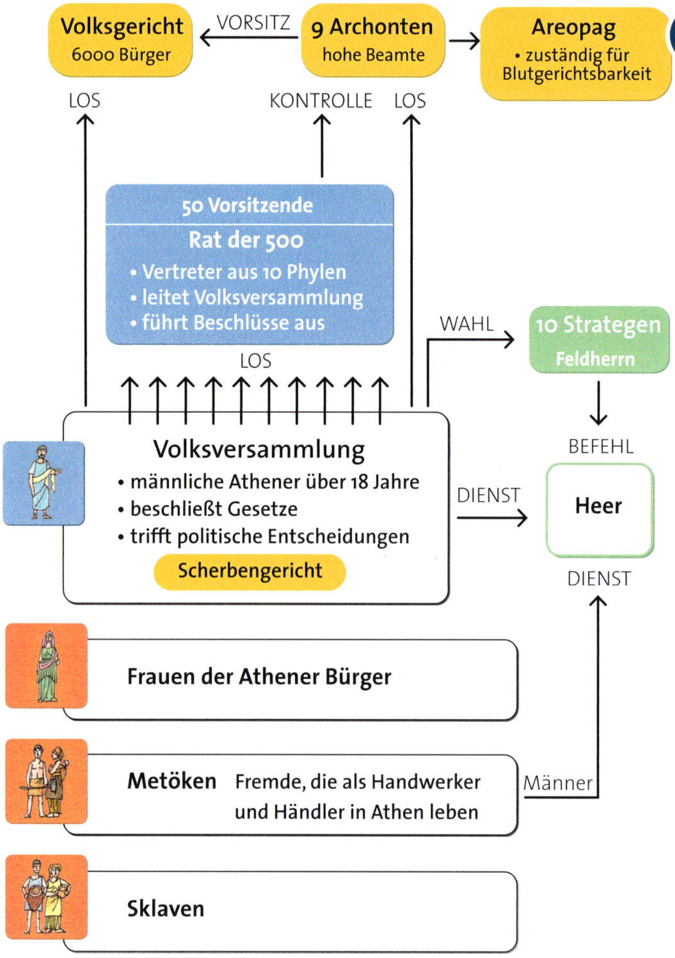

M4 **„Mit Recht hat das Volk mehr Macht"**

Aus der Streitschrift eines Atheners, um 430 v. Chr.

Mit Recht hat in Athen das Volk mehr Macht als die Adligen und mit Recht wird das Volk bevorzugt. Es sind nämlich die Steuerleute, die Kommandogeber der Ruderer auf den Schiffen, ihre Unterführer und die Schiffszimmerleute, die der Stadt ihre Machtstellung verschaffen und weniger das schwer bewaffnete Fußvolk des Heeres und die Adligen. Deshalb ist es richtig, dass die Ämter allen offen stehen und dass jeder sich öffentlich zu Wort melden kann.

Pseudo-Xenophon, Vom Staat der Athener, 1–10. Übers. und Bearb. d. Verf.

Demokratie

Nach den griechischen Wörtern demos (= Volk) und kratein (= herrschen) Bezeichnung für eine Staatsform, in der das Volk über die Politik eines Staates entscheidet. In vielen griechischen Stadtstaaten nahmen alle männlichen Bürger an den Beratungen und Beschlüssen der Polis teil. In den meisten modernen demokratischen Staaten dagegen wählen alle erwachsenen Männer und Frauen ein Parlament, das ihre Interessen vertritt.

Perikles

Perikles (um 490–429 v. Chr.) wurde nach 460 v. Chr. ein führender Politiker in Athen. Von 443–429 v. Chr. wurde er jedes Jahr erneut zum Strategen gewählt, also zu einem der zehn Beamten, die das Landheer und die Flotte Athens führten. Der attische Geschichtsschreiber Thukydides (um 460–400 v. Chr.) sagte, Athen sei in dieser Zeit nur dem Namen nach eine Demokratie gewesen, in Wirklichkeit habe der erste Mann (nämlich Perikles) geherrscht. Aber auch Perikles musste immer wieder die Volksversammlung für sich gewinnen.

4 Beschreibe das Schaubild M3:
a) Stelle fest, welche politischen Ämter es gab und wer sie erlangen konnte. Wo lag die eigentliche Macht?
b) Überlege, warum die Strategen gewählt und nicht ausgelost wurden.

5 Nimm zu der Behauptung in M4 Stellung, dass in der Verfassung Athens die Armen und das Volk den Vorzug vor den Vornehmen und Reichen hätten.

6 Informiere dich anhand des Kastens über Perikles' Leben:
a) Erkläre mithilfe des Schaubildes M3, wie ein einzelner Politiker große Macht erringen konnte.
b) Auf welche Weise hätte die Athener Volksversammlung Perikles leicht entmachten können?

M5 Athen als Vorbild?

Es war in Athen üblich, die im Krieg Gefallenen öffentlich zu bestatten. Nach dem ersten Jahr des Peloponnesischen Krieges (siehe S. 118) hielt Perikles die Lobrede auf die Toten, die Thukydides (um 460–400 v. Chr.) überlieferte:

Wer für sein Hauswesen sorgt, achtet auch auf das Wohl des Staates. Während er seiner eigenen Arbeit nachgeht, bedenkt er auch die öffentlichen Angelegenheiten. Wir nennen einen Bürger, der sich darum nicht kümmert, zwar nicht faul, aber unnütz. So erreichen wir die Fertigkeit die Dinge zu beurteilen und durchzuführen. Die Aussprache darüber halten wir keineswegs für hinderlich oder unnötig; im Gegenteil: Es bringt Schaden, wenn man sich über Geplantes nicht unterhält und es nicht berät.

Thukydides, Geschichte des Peloponnesischen Krieges II 40, übertr. und überarb. von Josef Feix, München 1959, S. 45.

Politik in der Schule

In jeder Schule gibt es die Schülervertretung. Sie besteht aus: Schulsprecher/in, Schülerrat, Verbindungslehrer/in, Klassensprecher/in und Schülervollversammlung.

a) Zeichnet (an der Tafel oder auf einem Plakat) ein Schaubild, aus dem hervorgeht:
- wie die Ämter zueinander angeordnet sind,
- wie über die Besetzung der Ämter entschieden wird,
- welche Aufgaben die Mitglieder der Schülervertretung haben.

b) Jeden Tag müssen an eurer Schule Entscheidungen getroffen werden –
über die Anzahl der Klassenarbeiten, über das Ziel von Klassenfahrten, über den Einkauf neuer Möbel. Diskutiert, auf welche Weise ihr Einfluss nehmen könnt.

Politik kommt von Polis

Von dem Wort „Polis" ist das Wort „Politik" abgeleitet. Dieses Wort verwenden wir heute, wenn Menschen darüber verhandeln, welche Rechte und Pflichten sie als Bürger in ihrem Staat haben. Regierungen machen gemeinsam Politik, wenn ihre Staaten ein gutes Verhältnis zueinander haben möchten. Das heißt sie treffen gemeinsam Entscheidungen und beschließen Gesetze, an die sich alle halten sollen. „Politik" kommt nicht ohne Grund von „Polis". Denn in den Stadtstaaten Griechenlands stand immer eine Frage im Mittelpunkt: Wie kann das Zusammenleben der Bewohner am besten organisiert, die Macht am besten verteilt werden? Von den Athenern wissen wir, dass sie im Laufe der Jahrhunderte eine Ordnung fanden, in der viele der Polisbewohner zufrieden lebten. Das lag vor allem daran, dass sich die Athener, wenngleich nur die freien Männer, gleichberechtigt an den Entscheidungen der Polis beteiligen konnten und sich für die Geschicke ihres Stadtstaates verantwortlich fühlten. Diese Ordnung nannten die Griechen „Demokratie". Wenn heute viele Europäer behaupten, dass ihre Wurzeln im antiken Griechenland liegen, dann denken sie meistens an die demokratische Staatsform, die die Bürger der Polis Athen „erfunden" haben.

7 Informiere dich über den Begriff Demokratie (Kasten) und nenne mindestens zwei wichtige Unterschiede zwischen der antiken und einer modernen Demokratie.

8 Auch heute werden in der Politik Diäten gezahlt. An wen? Schlage in einem Lexikon nach.

9 Gib den Inhalt von M5 in deinen Worten wieder: Wie haben in den Augen von Perikles die Athener eine gute Staatsordnung gefunden?

10 Erkläre mit deinen eigenen Worten, was das Wort „Politik" bedeutet. Nenne Beispiele für Politik aus deiner Umgebung (Schule, Gemeinde, Stadt).

Wirtschaft und Arbeit in Athen

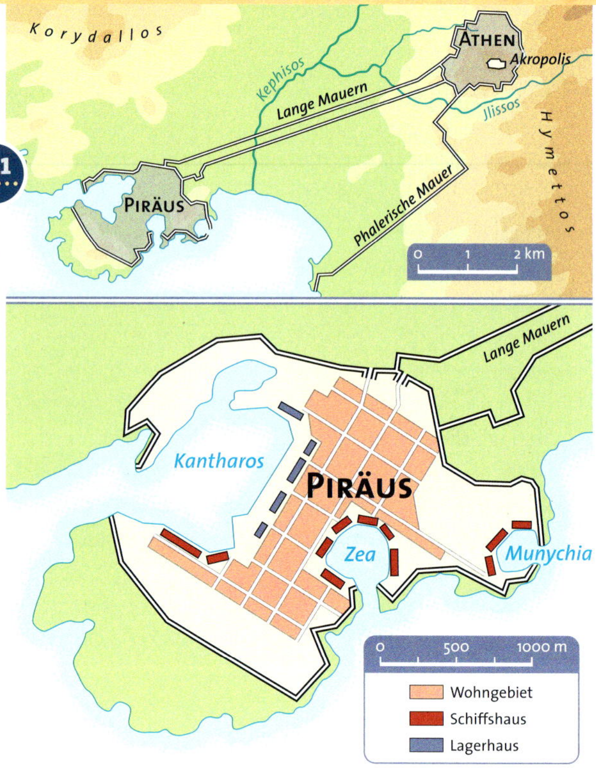

M1 **Athen und Piräus im 5. Jh. v. Chr.** Neben dem Handelshafen Piräus gab es zwei Kriegshäfen: Zea und Munychia. Insgesamt konnten im Hafen von Piräus etwa 400 Schiffe liegen. Er war ummauert und durch die „Langen Mauern" mit der Stadt Athen verbunden.

Attika – ein neues Handelszentrum

„Brauchen wir in Athen so viele ausländische Waren?" So könnte ein Gespräch zwischen zwei Athenern beginnen, die sich den Hafenbetrieb in Piräus anschauen. Wir befinden uns etwa im Jahre 430 v. Chr. In Attika leben circa 300 000 Menschen. Sie müssen versorgt werden – vor allem mit Getreide, denn das in Attika angebaute Getreide reicht bei weitem nicht mehr für die ganze Bevölkerung aus. Das Gleiche gilt auch für andere Waren, die in Athen begehrt sind. So treffen im Hafen von Piräus täglich Handelsschiffe ein, die mit Waren angefüllt sind. Diese Segelschiffe können 30 bis 100 Tonnen Ladung transportieren. Bevor die Ware in Athen verkauft wird, stellen athenische Beamte fest, wie viel Zoll die Händler in die Stadtkasse zahlen müssen. Schon bald verlassen die Schiffe Athen wieder um nach einigen Tagen andere Städte zu erreichen. Von Piräus nach Rhodos zum Beispiel brauchen sie etwa 3 1/2 Tage, zur Küste Nordafrikas über 7 Tage. Die leeren Schiffsbäuche werden vorher gut mit Waren gefüllt, denn die Handwerker Athens produzieren viele Produkte für den Export*, das heißt ihre Produkte werden in andere Städte und Länder verkauft. Für die Athener sind die Exportwaren lebenswichtig – schließlich braucht die Bevölkerung das Geld um den Import*, die eingeführten Waren, zu bezahlen. „Ohne importierte Waren könnten wir in Athen und Attika nicht lange überleben – zumindest nicht wenn wir weiter ein angenehmes Leben führen wollen." Zu diesem Ergebnis könnten die beiden Athener in Piräus vermutlich kommen.

Die Wirtschaft Athens – Quellen und Überreste

Woher hat die Geschichtsforschung ihr Wissen über die Wirtschaft Athens? Da sind zunächst die schriftlichen Quellen der Dichter, Schriftsteller und frühen Geschichtsschreiber. Inschriften auf Stein oder in Bronze enthalten Informationen über Besitz- und Pachtverträge. Viele aufschlussreiche Überreste finden sich zum Beispiel dort, wo ein griechisches Handelsschiff im Sturm untergegangen ist: Münzen, die sich darin befanden, geben Hinweise auf die Geldwirtschaft und die Metallproduktion. Auf den Scherben von Keramikgefäßen wie Vasen und Amphoren sind zahlreiche Malereien zu sehen, darunter handwerkliche Tätigkeiten wie das Weben oder das Schmieden. Auch Kunstgegenstände aus Bronze, Silber oder Gold geben uns Informationen über die Wirtschaft der Griechen.

1 Begründe, warum Athen auf Importe angewiesen war. Denke auch an die Landschaft Attikas. Lies dazu auf den Seiten 78 und 93 nach.

2 Beschreibe die Lage von Athen und Piräus. Erläutere anhand von M1, wie Stadt und Hafen gesichert waren.

3 Zeichne eine Tabelle mit den Spalten „Ware" und „Herkunftsland" und fülle sie mithilfe von M2 aus. Erläutere die Verwendung der Produkte.

4 Erarbeite anhand von M3 die Bedeutung Athens als Handels- und Seemacht. Begründe, wie Handel und militärische Macht zusammenhingen.

M2 **Importhandel Athens im 5. Jahrhundert v. Chr.**

M3 Athen – nur eine Handelsmacht?

Ein Athener Gelehrter schrieb um 430 v. Chr.:

Nur die Athener können über die Erzeugnisse aller Griechen und Barbaren verfügen. Wie will eine andere Stadt ihre Überschüsse an Schiffsholz, Eisen, Kupfer und Flachs ausführen, ohne dass das seebeherrschende Athen zustimmt oder die Waren abnimmt? Würde sie gegen den Willen Athens Waren verfrachten, würde ihr die herrschende Seemacht die Handelswege abschneiden. Außerdem trifft eine Missernte die Seemacht weniger als die Landmacht. Denn da Missernten nicht überall gleichzeitig auftreten, kann die herrschende Seemacht immer noch Ernteerzeugnisse aus Überschussländern einführen.

Pseudo-Xenophon 1, 11–14. Übers. und Bearb. d. Verf.

M4 **Händler beim Abwiegen von Ware,** Vasenmalerei, um 550 v. Chr. Helfer unterstützen den Händler.

Griechische Produkte – eine Erkundung

Erkunde, welche Produkte aus Griechenland bei uns im Handel sind. Frage zu Hause nach oder achte beim Einkauf im Supermarkt darauf. Finde auch heraus, ob es ein griechisches Geschäft in deiner Nähe gibt und besuche es. Lege eine Liste der Produkte an und berichte in der Klasse.

5 Welche Informationen über den Handel Athens kannst du anhand von M4 gewinnen?

6 Prüfe die Abbildungen auf den Seiten 110–113 und stelle fest, was sie über die Wirtschaft Griechenlands mitteilen.

Alltag in Athen

M5 **Werkstatt eines Schuhmachers,** Vasenmalerei, um 640 v. Chr.

M6 Das Ansehen der Handwerker

Über die handwerkliche Arbeit schrieb der athenische Bürger Xenophon (um 425–355 v. Chr.):

Die so genannten Handwerke … genießen mit Recht in den Städten keine besondere Achtung. Denn sie zerrütten den Arbeitern … die Körper, indem sie dieselben zum Sitzen und zum Stubenluftschlucken nötigen. Wenn aber die Körper gebrechlich werden, erleiden auch die Seelen eine bedeutende Abschwächung. Auch gewähren die so genannten Handwerke meistenteils keine Muße, … [so]dass Menschen aus solchen Schichten teils für den geselligen Umgang, teils als Kämpfer fürs Vaterland untauglich erscheinen.

Xenophon, Ökonomikus 4, 2–3. Zit. nach Rolf Rilinger (Hg.), Leben im antiken Griechenland, 1. Aufl., München (Piper) 1990, S. 449.

Handwerker – am Rande der Gesellschaft?

Die Waren, die die Athener für sich selbst und den Export benötigten, stellten die Handwerker aus Attika her. Besonders bekannt waren die Athener Töpfer aus dem Handwerkerviertel Kerameikos. Sie lieferten ihre Tongefäße in alle griechischen Kolonien. Die meisten Handwerker gehörten zu der Bevölkerungsgruppe der Metöken* und Sklaven. Die Bürger Athens dagegen übten selten ein Handwerk aus.

Metöken, das heißt auf Griechisch „Mitbewohner", waren zugezogene Griechen. Sie leisteten Militärdienst, hatten aber keine politischen Rechte wie die Bürger (siehe S. 108). Im Gegensatz zu den Bürgern Athens mussten sie Steuern zahlen. Da Metöken kein Land besitzen durften, wohnten sie in der Stadt in einfachen Häusern. Ein Metöke, der eine Werkstatt leitete, stellte in der Regel mehrere Sklaven ein, die für ihn die Arbeit erledigten. In größeren Werkstätten konnten über 100 Sklaven beschäftigt sein. Im griechischen Handwerk gab es bereits eine ausgeprägte Arbeitsteilung, zum Beispiel verschiedene Schmiede für Waffen, Werkzeuge oder Gold- und Silberwaren.

M7 **In einer Waffenschmiede,** Vasenmalerei, 5. Jh. v. Chr.

7 Beschreibe anhand von M5, M7 und M8 die Arbeit in den Werkstätten (Werkzeuge, Personen, Tätigkeiten).

8 Erarbeite anhand von M6, wie der Autor die Handwerksarbeit beschreibt. Überlege: Welche Einstellung zu den Metöken und Sklaven wird daraus erkennbar?

M8 **Töpferwerkstatt,** Vasenmalerei, 5. Jh. v. Chr.

M9 **Abbau von Tonerde,** Tontäfelchen aus Korinth, 6. Jh. v. Chr. Der Ton für die zahlreichen Vasen, Amphoren, Krüge oder Teller Attikas wurde von Sklaven in Tongruben abgebaut.

M10 Sklavenmarkt in Piräus

So könnte, nach den Quellen, für den Verkauf von Sklavinnen und Sklaven geworben worden sein:

- Gesunder junger Mann, um 20, für Schwerarbeit geeignet, 160 Drachmen
- Junge Frau, gute Weberin, 30 Jahre, 120 Drachmen
- Hausdiener, 35, sehr erfahren, schreib- und rechenkundig, 200 Drachmen
- Bergbaufachmann, Spezialist, 6000 Drachmen

[Zum Vergleich: Der Handwerkerlohn betrug im Durchschnitt 15 Drachmen pro Monat.]

Verfassertext

Sklaven in Athen

Neben den attischen Bürgern hatten die Sklaven den zahlenmäßig größten Anteil an der Gesamtbevölkerung. Zur Zeit des Perikles lebten ungefähr 100 000 Sklavinnen und Sklaven mit ihren Kindern in Attika. Die Sklaven waren Kriegsgefangene oder wurden von fremden Herrschern als Handelsware aus Syrien, Lydien oder Thrakien an Athen verkauft. Die meisten Athener Familien besaßen Sklaven. Sie wurden fast überall zur Arbeit eingesetzt: in der Landwirtschaft und auf Baustellen, im Haus als Erzieher oder Köchinnen. Einige von ihnen hatten auch öffentliche Aufgaben. Aus Quellen wissen wir, dass Sklaven zum Beispiel als Polizisten tätig waren.
Ein hartes Los hatten die Sklaven, die in den Silberbergwerken von Laurion arbeiten mussten. Für Athen war der Silberabbau eine wichtige Einnahmequelle. Daher arbeiteten teilweise bis zu 30 000 Sklaven in den engen Bergwerksschächten, unter ihnen waren viele Kinder. Die Bergarbeiter wühlten sich durch die oft nur 90 cm hohen Gänge tief in die Berge hinein.

M11 Ein Gesetz über Sklavinnen und Sklaven

Der Athener Platon (427–347 v. Chr.) schrieb über Sklaven:

Wenn ein Sklave oder eine Sklavin irgendetwas von fremdem Eigentum beschädigt, ohne dass der Geschädigte … daran mitschuldig geworden ist, so soll der Herr des Schädigers entweder den Schaden ohne Rest ersetzen oder den Schädiger selbst ausliefern … Und wenn ein Zugtier oder ein Pferd oder ein Hund oder sonst ein Haustier etwas vom Besitz des Nachbarn beschädigt, soll der Besitzer in gleicher Weise den Schaden ersetzen.

Platon, Gesetze XI 936 c–e. Zit. nach Rolf Rilinger (Hg.), Leben im antiken Griechenland, 1. Aufl., München (Piper) 1990, S. 290.

9 Trage zusammen, was du in diesem Kapitel über die Sklaven in Griechenland erfahren hast.
10 Untersuche mithilfe von M9, M10 und M12 die Tätigkeitsfelder, in denen Sklaven arbeiteten.
11 Erarbeite aus M10 und M11 wie die Sklaven rechtlich gestellt waren.

M12 **Sklaven bei der Olivenernte,** attischer Krug, 6. Jh. v. Chr.

Frauen und Männer in Athen

M1 **Griechische Hausgemeinschaft,** Wandrelief, undatiert.
An einem Altar stehen Vater, Mutter und Kind, links die übrigen Mitglieder der Familie: die Gäste und Sklaven. Rechts ist vermutlich der Heilsgott Aeskulap mit einer göttlichen Begleiterin abgebildet.

Was heißt hier „gleichberechtigt"?

„Männer und Frauen sind gleichberechtigt." So heißt es im Grundgesetz der Bundesrepublik Deutschland. Wie stand es damit im antiken Athen? Die Athener hatten die Demokratie eingeführt, weil möglichst viele Bürger gleiche politische Rechte haben sollten. Dennoch hatten sie die Frauen aus der Volksversammlung und von Ämtern ausgeschlossen. Auf welche Weise beteiligten sich die Athenerinnen am Leben in der Polis?

1 Vermute anhand von M1, welche Rolle die einzelnen Mitglieder in einem griechischen Haushalt spielten. Schlage dazu auch auf S. 84 nach.

M2 Kein Geschäft ohne den Ehemann?

Der Historiker Wolfgang Schuller schreibt über die Rolle der Frauen in Athen (1995):

In der Politik hatte die athenische Frau keinerlei Rechte. … Eine nur minimale Position hatte die athenische Frau im Rechtsleben. Grundlegend ist die Tatsache, dass sie wie ein Kind rechtlich zeitlebens unter Vormundschaft stand. Ihr Herr, der Kyrios, war entweder ihr Vater … oder ihr Ehemann. Sie konnte außer einfachen Geschäften des täglichen Lebens ohne ihren Kyrios kein Geschäft rechtsgültig abschließen. So konnte sie nicht selber prozessieren und kein Testament machen.

Wolfgang Schuller, Frauen in der griechischen und römischen Geschichte, Konstanz (Universitätsverlag) 1995, S. 55.

M3 **Frauen zu Hause beim Spinnen,** Vasenmalerei, um 500 v. Chr.

M4 Aufgabenteilung unter Eheleuten

Zu dem Thema „Die Rolle der Frauen und Männer in Athen" äußert sich das Ehepaar Elpinike und Euktemon. Die Äußerungen der beiden (erfundenen) Personen wurden nach Ergebnissen aus der Geschichtsforschung zusammengestellt:

4A *Elpinike:* Anders als mein Bruder hatte ich nur eine kurze Schulausbildung. Ich kann aber lesen und schreiben. Die meisten Mädchen aus weniger wohlhabenden Schichten haben keinen Unterricht. Verheiratet wurde ich mit fünfzehn. Mein Vater hat für mich den Ehemann ausgesucht. Euktemon war 30 Jahre, als wir heirateten. Meine Mitgift, das ist die Ausstattung, die ich von meinen Eltern für die Heirat mitbekommen habe, gehört zu unserem gemeinsamen Haushalt. Sie bleibt mein Eigentum, damit ich etwas besitze, falls mein Mann sterben sollte.
Wir Frauen haben wenig Zeit das Haus zu verlassen, weil wir die Hauswirtschaft leiten. Das ist eine Menge Arbeit: mit den Sklavinnen und Sklaven die Einkäufe organisieren, für die Zubereitung der Mahlzeiten sorgen, Vorräte anlegen und die Arbeit des Spinnens, Webens und Nähens gemeinsam mit der Dienerschaft erledigen. Mir bleibt aber noch Zeit mich mit Nachbarinnen und Freundinnen zu treffen und Feste, vor allem religiöse, zu feiern. Die Frauen der Metöken sieht man häufiger auf der Straße, besonders auf der Agora. Denn als Bäuerinnen, Marktfrauen, Wollarbeiterinnen und Gasthauswirtinnen befindet sich ihr Arbeitsplatz meistens außerhalb des Hauses. Im öffentlichen und politischen Leben haben wir nichts zu sagen. So dürfen wir keine Reden halten und nicht an Wahlen teilnehmen.

4B *Euktemon:* Meine Erziehung und Schulausbildung waren darauf ausgerichtet, später einmal eine Familie zu gründen und Herr unseres Oikos zu werden. Dazu muss man etwa 30 Jahre alt sein und eine Familie versorgen können. Meine beiden jüngeren Brüder mussten das Haus verlassen, weil unsere Hausgemeinschaft nicht alle ernähren konnte. Sie haben sich als Kolonisten eine neue Heimat gesucht.
Ich bin der „Kyrios", der Herr der Hausgemeinschaft. Wenn ich im Krieg sein sollte oder sterbe, leitet meine Frau den Oikos – so lange, bis mein ältester Sohn volljährig wird und als Hausherr eingesetzt werden kann. Mein Frau Elpinike habe ich geheiratet, als sie fünfzehn war. Ich hatte sie vorher nicht gesehen. Das wichtigste Ziel unserer Ehe ist es, Kinder zu haben, die den Bestand des Oikos sichern – am besten erst einmal einen Sohn. Für uns Griechen sind Kinder sehr wichtig, denn so können wir unsere Lebensweise an die nachfolgenden Generationen weitergeben.
Die Arbeit im Haus und die außerhalb des Hauses haben die Götter richtig aufgeteilt. Die Frauen sind für die Arbeit im Haus geeignet, die Männer besser für die Politik, für den Schutz von Haus und Eigentum, für den Kriegsdienst und die Arbeit auf den Feldern.

Verfassertext

M5 **Die Hausherrin überreicht dem Gast eine Trinkschale,** Vasenmalerei, 4. Jh. v. Chr.

2 Beschreibe anhand von M4A die Rolle von Elpinike in ihrer Familie. Achte auf ihre Aufgaben im Haus und ihre Stellung außerhalb des Hauses. Ziehe M1, M3 und M5 mit heran.

3 Stelle aus M4B zusammen, wie Euktemon seine Rolle in der Familie sieht und wie er sie begründet.

4 Prüfe die Aussagen in M2. An welcher Stelle finden sie sich in M4 wieder? Kläre zunächst die Begriffe Vormundschaft und Testament.

5 Auf Seite 112 hast du erfahren, dass die Athener Bürger handwerkliche Arbeit ablehnten. Überlege, wie sie die Hausarbeit ihrer Frauen rechtfertigen konnten.

Die Griechen deuten ihre Welt

M1 **Griechische Theaterszene,** Vasenmalerei, 4. Jh. v. Chr.

Warum gibt es Theater in Athen?

Stundenlang plagen sich die Schauspieler hinter schweren Masken ab. Sie spielen Frösche, Sklaven und Götter. Sie schwitzen und sind am Ende völlig erschöpft. Was für ein seltsamer Beruf! Kämen wir mit einem griechischen Schauspieler ins Gespräch, könnte er uns das Folgende erzählen:
Athen ist der Geburtsort des Theaters. Jedes Jahr im Frühling finden Theateraufführungen statt zu Ehren des Gottes Dionysos, dem Gott des Weines und der Lebensfreude. Es ist Fest und Wettkampf zugleich.
Die Bühnenschriftsteller wetteifern um die Ehre des Gottes. Die extra für dieses Fest geschriebenen Stücke werden von Preisrichtern und dem Publikum bewertet. Der siegreiche Schriftsteller bekommt den Ehrenkranz aus Efeu und wird in ganz Griechenland berühmt.
Wir spielen Tragödien und Komödien. Die Tragödien* handeln davon, dass die Menschen gegen ihre eigenen und gegen göttliche Gesetze verstoßen. Das endet mit furchtbaren Strafen. Die Zuschauer fühlen Furcht und Mitleid. Sie sollen aus dem Stück lernen und gute Menschen werden. Die Komödien* sind lustige Stücke. Meistens greift der Dichter ein aktuelles Problem aus dem Alltag der Zuschauer auf. In lustiger Weise werden die Mächtigen kritisiert und auch lächerlich gemacht. In unserem demokratischen Athen ist das erlaubt. Die besten Tragödien stammen von Aischylos, Sophokles und Euripides, die besten Komödien hat Aristophanes geschrieben.
Unsere Schauspieler tragen Masken. Sie drücken die verschiedenen „Seelenzustände" der Schauspieler in ihrer Rolle aus. Außerdem klingt der Ton der Stimme besser. Übrigens: Die Schauspieler sind ausschließlich Männer, auch für die Frauenrollen. Fast immer findet sich ein reicher Bürger, der die Kosten für die Schauspieler und die Kostüme übernimmt. Die Zuschauer kommen aus allen Bevölkerungsgruppen.

M2 **Das Dionysostheater** (vom Südabhang der Athener Akropolis aus gesehen), Foto, 1979. Die ersten Teile des Gebäudes entstanden 400 v. Chr. Vollendet wurde es um 330 v. Chr. Es fasste 17 000 Zuschauer.

Wer findet die Weisheit und die Wahrheit?

Das griechische Theater sollte den Menschen helfen sich selbst und die Welt besser zu verstehen. In ähnlicher Weise versuchten auch die Philosophen das menschliche Leben und die Beschaffenheit der Welt zu ergründen. Sie gaben sich nicht mehr mit den Göttern als „Ursprung" der Menschen und Dinge zufrieden, sondern suchten nach Erklärungen, Regeln und Gesetzen. Der Grieche Anaxagoras zum Beispiel erklärte Naturerscheinungen wie Gewitter oder Erdbeben nicht mehr durch die Taten von Göttern, sondern er suchte die Begründung in der Natur selbst. Viele unserer Wissenschaftler heute greifen auf Erkenntnisse zurück, die von den griechischen Philosophen stammen.

Philosophie

Griechische Philosophen (= griech. Weisheitsliebende oder Weisheitssuchende) versuchten seit dem 6. Jahrhundert v. Chr. die Entstehung der Welt und die Ursachen der Naturerscheinungen mit der Vernunft und nicht länger mit dem Willen der Götter zu erklären. Seit dem 5. Jahrhundert v. Chr. rückte der Mensch zunehmend in den Mittelpunkt der Philosophie. Berühmte Philosophen wie Sokrates, Platon und Aristoteles stellten Fragen nach dem Sinn des Lebens, nach Gut und Böse und nach der Wahrheit. Sie stellten praktische Regeln auf, nach denen die Menschen am besten leben sollten.

M3 Drei Philosophen stellen sich vor

Sokrates (470–399 v. Chr.):

3A „Ich weiß, dass ich nichts weiß." Das ist mein Leitgedanke für meine philosophische Arbeit. Ich beschäftige mich vor allem mit der Frage, was „richtiges" und was „falsches" Handeln ist.
Mit meinen Reden errege ich in der Öffentlichkeit viel Aufmerksamkeit. Man wirft mir vor die Jugend verführt und zum Aufruhr überredet zu haben. Nun bin ich deshalb zum Tode verurteilt worden. Obwohl ich fliehen könnte, werde ich den Becher mit dem Gift der Schierlingspflanze trinken.

Verfassertext

Platon (427–347 v. Chr.):

3B Ich war einer der Schüler von Sokrates und habe die Gespräche und Gedanken meines Lehrers aufgezeichnet. Ich reise gerne. Außerdem befasse ich mich mit der Frage, welcher Staat für die Menschen am besten ist.
Ich bin überzeugt, dass es irgendwann einmal die ideale Polis geben wird.

Verfassertext

Aristoteles (384–322 v. Chr.):

3C Ich war Platons Schüler und habe nach seinem Tod in Athen eine Schule und eine Bibliothek gegründet. Nach meiner Auffassung brauchen wir einen Ort, wo das ganze Wissen unserer Zeit zusammengefasst wird. Alle Dinge müssen wir genau beobachten, wenn wir herausfinden wollen, wie sie funktionieren. Außerdem beschäftige ich mich mit den Gesetzen, nach denen unser Denken funktioniert.

Verfassertext

1 Stelle zusammen, was im Darstellungstext über Ursprung und Bedeutung des Theaters, die Stücke und die Zuschauer gesagt wird.

2 Beschreibe die Abbildung M1 genau und erkläre, was zu sehen ist. Lies vorher den Darstellungstext.

3 Beschreibe M2 und vergleiche das Dionysostheater mit einem Theaterbau aus heutiger Zeit.

4 Fasse die Aussagen der Philosophen (M3) in einer Tabelle zusammen und vergleiche.

5 Überlege, warum viele griechische Philosophen aus Athen kamen.

6 Informiere dich in Lexika über die Bühnenschriftsteller Aischylos, Sophokles und Euripides und berichte in der Klasse. Zeige Abbildungen.

Ein Griechenland-Quartett

Vorbereitung

– Stellt 24 Spielkarten aus dünnem Karton her (Blankospielkarten, Karteikarten o. Ä.). Vorsicht: Die Rückseite muss bei allen Karten gleich aussehen!

– Kopiert alle Karten dieser Doppelseite auf ein Din-A3-Blatt (evtl. 120 % vergrößern) und klebt dann die Abbildungen auf die Karten.

Spielanleitung

1. Bildet Gruppen von mindestens drei Personen. Jede Spielergruppe erhält ein Kartenspiel.

2. Alle Karten werden gut gemischt und im Uhrzeigersinn verteilt. Wer Glück hat, kann schon jetzt fertige Quartette offen auslegen – also vier Karten, die zusammengehören. Ein Quartett erkennst du an seinem Oberbegriff. Zum Beispiel hat das Quartett „Kunst" die Karten Amphore, Kuros, Faustkämper und Parthenon.

3. Jetzt geht es los: Der Spieler links vom Kartengeber fragt einen anderen Spieler in der Runde nach einer bestimmten fehlenden Karte. Wenn der andere Spieler die Karte hat, muss er sie herausrücken und der Frager darf weiterfragen. Wenn der andere Spieler die Karte nicht hat, ist er jetzt an der Reihe mit Fragen.

4. Gewonnen hat der, der am Ende die meisten fertigen Quartette vor sich liegen hat.

Variante

Sicher könnt ihr noch eine Reihe anderer Quartette bilden. Bastelt weitere Spielkarten zum Thema „Das antike Griechenland".

Viel Spaß!

Kunst

Amphore
Kuros
Faustkämpfer

Arbeit

Töpfer
Sklaven
Händler

Kunst

Faust-
kämpfer
Parthenon
Kuros

Arbeit

Frau
Sklaven
Händler

Kunst

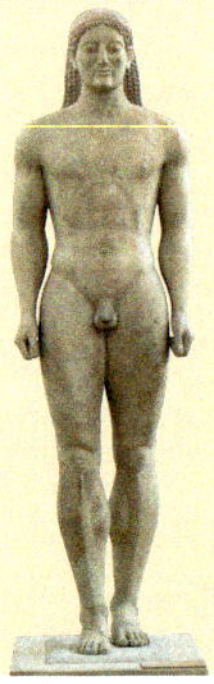

Parthenon
Faustkämpfer
Amphore

Arbeit

Frau
Sklaven
Töpfer

Kunst

Parthenon
Amphore
Kuros

Arbeit

Frau
Töpfer
Händler

Politik

Scherbengericht
Perikles
Bürger

Auf dem Olymp

Zeus
Apollon
Poseidon

Theater/Philosophie

Maske
Sokrates
Aristoteles

Olympische Spiele

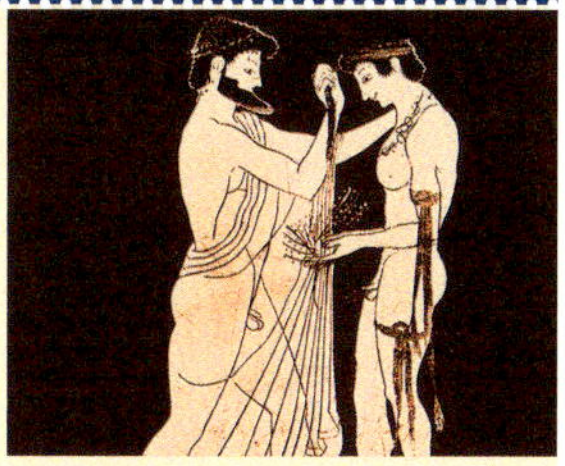

Faustkampf
Langstreckenlauf
Schiedsrichter

Politik

Perikles
Solon
Bürger

Auf dem Olymp

Athene
Apollon
Poseidon

Theater/Philosophie

Komödie
Sokrates
Aristoteles

Olympische Spiele

Siegerehrung
Langstreckenlauf
Schiedsrichter

Politik

Scherben-gericht
Solon
Perikles

Auf dem Olymp

Zeus
Athene
Poseidon

Theater/Philosophie

Maske
Komödie
Sokrates

Olympische Spiele

Faustkampf
Siegerehrung
Schiedsrichter

Politik

Bürger
Solon
Scherbengericht

Auf dem Olymp

Zeus
Apollon
Athene

Theater/Philosophie

Maske
Komödie
Aristoteles

Olympische Spiele

Faustkampf
Siegerehrung
Langstreckenlauf

Krieg unter den Stadtstaaten

Krieg – ein Mittel der Politik?

M1 Der Krieg zwischen Sparta und Athen 431–404 v. Chr.

Der Peloponnesische Krieg

Der Sieg gegen die Perser (siehe S. 105) hatte in Athen die Entwicklung zur Demokratie gestärkt und zu einem wirtschaftlichen Aufschwung geführt. Doch die Einheit unter den griechischen Stadtstaaten begann zu schwinden. Die beiden Staaten Sparta und Athen hatten schon lange Zeit um die Macht in Griechenland konkurriert. Der Konflikt verschärfte sich jedoch, je stärker Athen seine Hegemonie auszuspielen begann. Immer häufiger gab es offene Streitigkeiten mit den kleineren Städten des Seebundes – zum Beispiel versuchte Athen Händler aus anderen Stadtstaaten daran zu hindern, ihre Waren in Athen zu verkaufen. Viele Städte baten in Sparta um Unterstützung. Athen schürte den Konflikt weiter, indem es Bundesgenossen Spartas angriff oder diese am Handel hinderte. Von 431 bis 404 v. Chr. führten die beiden Poleis und ihre Verbündeten Krieg. Den Sieg trug Sparta davon: Mit der Unterstützung des persischen Großkönigs zerstörte es die Flotte Athens und zwang die Besiegten die „Langen Mauern" niederzureißen. Sparta hatte die Vorherrschaft in Griechenland errungen.

M2 Politik zum eigenen Nutzen?

Der Historiker Thukydides (um 460–400 v. Chr.) würdigte die Außenpolitik des Perikles und schrieb über die Athener Volksversammlung nach dessen Tod:

Als der Krieg ausbrach, hatte Perikles die Staatsmacht richtig eingeschätzt. Hatte er doch immer betont, dass sie Sieger bleiben würden, wenn sie die Flotte einsetzten und keine Machterweiterungen erstrebten. Die Athener aber betrieben das Gegenteil und ließen sich auf fremde Unternehmungen aus persönlichem Ehrgeiz und zu persönlicher Bereicherung Einzelner ein und trieben so eine schlechte Politik gegen sich selbst und ihre Bündnispartner. Solche Unternehmungen hätten, zum Erfolg gesteuert, allenfalls den Einzelnen Ruhm und Nutzen bringen können, gescheitert mussten sie sich für die Polis zum Schaden auswirken.

Thukydides, Peloponnesischer Krieg VI, 15 ff. Übers. d. Verf.

Die Demagogen im Krieg

Nach dem Tod des Perikles 429 v. Chr. hatten in Athen Demagogen* großen Einfluss auf die Politik gewonnen. Viele Politiker wussten inzwischen genau, wie man eine Volksversammlung überzeugte und Karriere als Politiker machen konnte. Die Militärunternehmungen während des Peloponnesischen Krieges waren für einige Athener eine willkommene Gelegenheit als Feldherren persönlichen Ruhm zu erlangen – vorausgesetzt das Militärunternehmen war von Erfolg gekrönt. Ein besonders erfolgreicher Demagoge war Alkibiades. Er war reich und hatte sich in Athen durch großzügige Geschenke an die Stadt hervorgetan. Zusammen mit dem adligen Bürger Nikias wurde er zum Feldherrn gewählt und organisierte einen großen Eroberungszug nach Sizilien. Das Unternehmen endete in einer Katastrophe für Athen. 6000 Athener Hopliten gerieten in Gefangenschaft und starben als Zwangsarbeiter in den Steinbrüchen der Polis Syrakus.

1. Erarbeite mithilfe der Karte M1, welche Bündnisse sich im 5. Jahrhundert v. Chr. in Griechenland gegenüberstanden. Vergleiche die Herrschaftsbereiche Spartas und Athens.
2. Wie begründet Thukydides (M2), dass Athen seine Hegemonie verloren hat?
3. Ein Demagoge wie Alkibiades wird auch als „Volksverführer" bezeichnet. War er eine Gefahr für Athens Demokratie? Begründe deine Ansicht.

Schriftliche Quellen entschlüsseln

Fragen stellen ...

In den bisherigen Kapiteln hast du bereits mit schriftlichen Quellen gearbeitet. Die meisten von ihnen sind aus alten Sprachen in modernes Deutsch übersetzt worden. Deine Aufgabe ist es, die Quellen weiter zu entschlüsseln. Eine Textquelle kannst du auswerten, indem du Fragen an sie stellst.

Arbeitsschritte

1. Schritt: Aufbau und Inhalt des Textes

a) Wovon berichtet der Text? Stelle „W-Fragen": Wer? Wo? Wann? Was? Wie? Warum? An wen?

b) Gibt es unbekannte Wörter? Schlage im Lexikon nach.

c) Wie ist der Text gegliedert? Finde Überschriften für die einzelnen Abschnitte.

2. Schritt: Verfasser/Verfasserin

d) Welche Informationen besitzen wir über die Verfasserin oder den Verfasser?

e) Hat der Verfasser selbst erlebt, was er aufgeschrieben hat, oder hat er das Geschilderte später erfahren?

f) Wird erkennbar, welche Einstellung der Verfasser zum Geschehen und zu den dargestellten Personen hat?

g) Ergreift der Verfasser Partei für bestimmte Personen?

h) Welche Absicht verfolgte der Verfasser mit dem Text? Wollte er zum Beispiel etwas bewusst für die Nachwelt festhalten?

M1 Warum Krieg gegen Sizilien?

Thukydides (um 460–400 v. Chr.) war ein einflussreicher adliger Politiker in Athen. Gleichzeitig war er Historiker und schrieb die Geschichte des Peloponnesischen Krieges. Viele Reden, die er in seinen Büchern wiedergab, hatte er selbst gehört. Über Ereignisse, bei denen er nicht anwesend war, hatte er sich nach eigener Aussage gut bei anderen informiert, bevor er sie aufschrieb. Er berichtete über folgendes Ereignis:

Im Winter [416 v. Chr.] wollten die Athener Sizilien erobern. Als das Unternehmen in der Volksversammlung besprochen wurde, befürwortete die Mehrzahl der Redner den Feldzug, Alkibiades tat sich dabei am meisten hervor, weil er gerne als Feldherr an der Spitze einer ruhmreichen Flotte Sizilien erobert hätte. „Ich habe vor allen andern Anspruch auf das Oberkommando", sagte er. „Mein Ansehen über die Grenzen unserer Stadt hinaus hat unserem Vaterland Ruhm, Ehre und Nutzen gebracht. Als die Hellenen Athen durch den Krieg verarmt glaubten, habe ich durch mein glanzvolles Auftreten bei den Olympischen Spielen alle Welt von der ungebrochenen Kraft Athens überzeugt. Wenn wir Sizilien angreifen, stärken wir zugleich hier unsere Macht. Deshalb lasst uns den Angriff wagen."
Nun versuchte Nikias die Athener durch einen Hinweis auf die hohen Kriegskosten abzuhalten. Aber die Masse war bereits von diesem Sizilienabenteuer angetan ... Wer aber anderer Meinung war, hielt sich aus Angst vor den andern zurück.

Thukydides. Übers. und Bearb. d. Verf.

Auswertung M1 (Stichworte)

a) Winter 416; Athener Volksversammlung diskutiert über Kriegszug nach Sizilien; Alkibiades befürwortet Kriegszug, fordert Oberkommando über Athener Flotte; Grund: erfolgreiche Teilnahme bei Olympischen Spielen; Sieg gegen Sizilien stärke Macht Athens; Nikias lehnt Krieg ab (Kriegskosten); in der Volksversammlung Kriegsbegeisterung, Beschluss für Krieg, Kriegsgegner trauen sich nicht ihre Meinung zu sagen.

b) Hellenen = Griechen

c) Volksversammlung diskutiert über Kriegszug nach Sizilien.
– Alkibiades fordert das Oberkommando und überzeugt die Athener.
– Der Gegner Nikias kann sich nicht gegen die Kriegsbegeisterung der Mehrheit durchsetzen.

d) Thukydides um 460–400 v. Chr., griechischer Historiker und Politiker;

e) lebt 416 in Athen, Mitglied der Volksversammlung, vielleicht anwesend?

f) Stellt Alkibiades prahlerisch dar, Nikias dagegen vernünftig, nennt Kriegszug „Sizilienabenteuer", macht dadurch Ablehnung deutlich;

g) steht aufseiten der Kriegsgegner: weist auf deren Angst hin.

h) Bericht für die Nachwelt.

1 Bearbeite M1 mithilfe der Fragen. Vergleiche deine Ergebnisse anschließend mit der Auswertung M1.

2 Schriftquellen können auch aus wenigen Worten bestehen. Ein Beispiel findest du auf der Auftaktseite: die Tonscherbe. Versuche mithilfe der Arbeitsschritte und des griechischen Alphabets (siehe S. 79) möglichst viele Informationen über diese Textquelle herauszufinden.

Hellenismus – die Welt wird griechisch

Alexander – ein Weltherrscher?

M1 **Alexandermosaik,** Pompeji, um 70 v. Chr. Das Fußbodenmosaik ist die Kopie eines hellenistischen Gemäldes. Es zeigt den entscheidenden Moment einer Schlacht zwischen Alexander (links) und Dareios (rechts). Alexander trifft auf das Zentrum des Perserheeres, Dareios auf dem Streitwagen beginnt seine Flucht.

Alexander wird König, Pharao …

Die Makedonier waren ein kleiner Volksstamm im Norden Griechenlands. Ihr König Philipp II. (359–336 v. Chr.) hatte nach mehreren Kriegszügen die griechischen Stadtstaaten 338 v. Chr. unterworfen und Griechenland unter seiner Führung neu geordnet. Athen, Sparta und alle anderen Poleis waren nun Teil einer Monarchie geworden und hatten ihre politische Unabhängigkeit verloren. Seinen Sohn Alexander ließ Philipp von dem griechischen Philosophen Aristoteles erziehen. Aristoteles weckte in Alexander eine große Bewunderung für die griechischen Helden Achilleus und Herakles. Diesen wollte der Königssohn es gleichtun. Nachdem Philipp 336 v. Chr. bei einem Attentat getötet worden war, bestieg der 20-jährige Alexander den Königsthron. Zwei Jahre später begann Alexander einen Feldzug gegen das Perserreich. Viele griechische Städte sandten Soldaten zu seiner Unterstützung. Mit 32 000 Fußsoldaten und 15 500 Reitern setzte er nach Asien über. In zwei großen Schlachten am Fluss Granikos und bei Issos (333 v. Chr.) siegte Alexander über das zahlenmäßig überlegene Heer der Perser. Danach besetzte Alexander Ägypten. Die Ägypter begrüßten ihn als Befreier von der persischen Herrschaft und krönten ihn zum Pharao.

… und persischer Großkönig

Im Kampf gegen den Perserkönig Dareios fiel die Entscheidung bei Gaugamela 331 v. Chr. Babylon unterwarf sich ihm ohne Widerstand und in der Hauptstadt des Persischen Reiches, in Susa, bestieg Alexander den Thron der persischen Großkönige. Obwohl Alexander – angeblich aus Rache für die Zerstörung der Akropolis 480 v. Chr. durch die Perser – den Palast des Xerxes in Persepolis niederbrennen ließ, ging es ihm nicht um die Zerstörung des Persischen Reiches. Im Gegenteil: Da Alexander fast die gesamte damals bekannte Welt beherrschte, fühlte er sich als Nachfolger des persischen Königshauses und erwartete die gleiche Verehrung, die die Völker des Persischen Reiches ihrem Großkönig entgegengebracht hatten.
Er kleidete sich jetzt häufig wie ein persischer Großkönig und trug dessen Kopfbedeckung, eine mit Edelsteinen besetzte „Tiara“. Am königlichen Hof führte Alexander die persische Art der Verbeugung („Proskynese“, siehe S. 102) ein.
Die Soldaten, die in die persische Hauptstadt eingezogen waren, reagierten auf das Verhalten Alexanders unterschiedlich. Während den asiatischen Völkern dieses Ritual vertraut war, fanden es die Griechen und Makedonen erniedrigend.

M2 Eine Legende über Alexander

Im Laufe der Zeit sind viele Legenden um die Person Alexanders entstanden, aus denen der „wahre Kern" sorgfältig herausgefiltert werden muss. Der Journalist Sven Loerzer erzählt eine Legende nach (1988):

Bevor er Asien eroberte, wollte Alexander wie immer den Rat der Götter berücksichtigen. Da traf es sich, dass im Burgtempel von Gordion der alte Streitwagen der Könige stand, mit dem es Besonderes auf sich hatte: Das Joch war mithilfe eines sehr langen Bastriemens durch einen kunstvollen Knoten an der Deichsel befestigt. Der riesige Knoten hatte keine sichtbaren losen Enden. Ein alter Orakelspruch verhieß: Derjenige, der den Knoten löste, solle König von Asien werden. Trotz großer Mühe konnte auch Alexander den Gordischen Knoten nicht entwirren – ein böses Vorzeichen. Doch dann griff Alexander zu seinem Schwert und durchschlug damit den Knoten!

Zit. nach Sven Loerzer, Die Großen der Antike, Bindlach (Loewes) 1988, S.18.

M3 Wie ehrt man einen Weltherrscher?

Im 2. Jh. v. Chr. berichtete der griechische Historiker Polybios:

Timaios lobte den Demosthenes und die anderen Redner, die damals [zu der Zeit Alexanders] sehr angesehen waren, und er behauptete, sie hätten sich Griechenlands würdig gezeigt, weil sie der göttlichen Verehrung Alexanders widersprochen hätten.

Polybios, Historien 12, 12b, 21. Übers. d. Verf.

M4 Alexandermünze, 3. Jh. v. Chr. Abgebildet ist das Gesicht Alexanders. Die Widderhörner sind das Zeichen des ägyptischen Gottes Ammon. Alexander ließ Münzen mit seinem Porträt in großer Zahl prägen.

1 Stelle anhand von M1 und M2 zusammen, welche Eigenschaften und Fähigkeiten Alexanders überliefert wurden. Welchen Zweck verfolgte wohl die in M2 wiedergegebene Legende?

2 Beschreibe die Münze M4 und erläutere, welche Absicht der Herrscher mit ihrer Prägung verfolgte.

3 Arbeite aus M3 heraus, welche Einstellung Demosthenes zu Alexander hatte. Erkläre mithilfe des Darstellungstextes S. 122, warum sich viele Griechen ähnlich wie er verhielten.

4 Ermittle anhand von M5 die ungefähre Wegstrecke, die das Heer Alexanders zurücklegte. Überlege, was Alexander mit der Gründung und Umbenennung von Siedlungen bezweckte.

M5 Der Zug Alexanders des Großen und die Ausdehnung seines Reiches

Hellenismus – die Welt wird griechisch

Herrschen bis an das Ende der Welt?

Alexander wusste aus Berichten, dass hinter den Grenzen seines Reiches, am Fluss Ganges, der indische König Poros herrschte. Auch dieses Gebiet, das sich am Rande der den Griechen bekannten Welt befand, wollte Alexander erobern. Obwohl sie ihren König wie einen Gott verehrten, verweigerten seine Soldaten ihm jetzt den Gehorsam. Sie lebten seit Jahren fern von ihrer Heimat und hatten alle Kämpfe und Strapazen auf sich genommen. Alexander musste umkehren. Auf neu gebauten Schiffen fuhr er den Indus hinab bis zum Indischen Ozean. Die Flotte gelangte dort unter dem Admiral Nearchos in den Persischen Golf.
Alexander selbst marschierte mit seinem Heer durch die Gedrosische Wüste zurück. Ein großer Teil seiner Armee verdurstete. Von seinen 60 000 Soldaten kehrten nur 15 000 nach Hause zurück.
Die Eroberung Asiens war nun abgeschlossen, aber wie konnte ein Reich dieser Größe beherrscht werden? Alexander nahm immer mehr persische Statthalter, Offiziere und Soldaten in seine Dienste und nutzte die Verkehrswege und die Verwaltung, die die persischen Großkönige aufgebaut hatten (siehe S. 103). Die Verbindung zwischen Makedonen und Persern sollte durch eine Massenhochzeit in Susa gefestigt werden. 10 000 makedonische und griechische Soldaten vermählten sich mit Iranerinnen, Alexander selber nahm eine Tochter des Dareios zu seiner zweiten Frau.
Die Regierungszeit des makedonischen Königs endete unerwartet: Alexander erkrankte an einem schweren Fieber und starb 323 v. Chr. in Babylon.

5 Stelle aus den Materialien der Seiten 122 bis 124 zusammen, mit welchen Maßnahmen Alexander seine Macht im Weltreich zu sichern versuchte. Beurteile sein Vorgehen.

6 Bearbeite die Quelle M6 mithilfe der Arbeitsschritte auf der Methodenseite 121. Wie beurteilt Seneca Alexanders Wirken?

7 Alexander erhielt den Beinamen „der Große". Erläutere, was damit ausgedrückt werden soll und entscheide, ob du die Bezeichnung für angemessen hältst.

M6 Ein Urteil über Alexander

Im 1. Jahrhundert n. Chr. schrieb der römische Philosoph Seneca an seinen Freund Lucilius über Alexander:

Den unglückseligen Alexander trieb seine Wut Fremdes zu zerstören in unbekannte Gegenden. Oder hältst du jemanden für geistig gesund, der von der Unterwerfung Griechenlands ausging, wo er erzogen worden war? ... Nicht zufrieden mit dem Zusammenbruch so vieler Städte, die Philipp besiegt oder gekauft hatte, vernichtete er diese, dort jene und er trägt seine Waffen in der ganzen Welt herum. Nirgends macht seine Grausamkeit erschöpft Halt wie bei wilden Tieren, die mehr zerfleischen, als ihr Hunger verlangt. Schon hat er viele Reiche in einem vereinigt, schon fürchten ihn zugleich Griechen und Perser, schon empfangen selbst von Dareios unabhängige Völker sein Joch. Dennoch dringt er über den Ozean und den Sonnenaufgang hinaus, ist entrüstet, dass er mit seinem Sieg hinter Herakles und Dionysos[1] zurückbleibt und nimmt es selbst mit der Natur auf.

Seneca, Briefe 94, 62 f. Übers. d. Verf.

1 Griechischer Gott

Eine Lebensbeschreibung verfassen

Bedeutende Persönlichkeiten schreiben häufig ihre „Autobiografie". Das Wort ist griechisch und heißt „selbst verfasste Lebensbeschreibung". Die Verfasser oder Verfasserinnen meinen, dass sie mit ihren Lebenserinnerungen anderen Menschen Ratschläge geben können. Oft erklären sie darin auch, mit welcher Absicht sie bestimmte Entscheidungen getroffen haben.

a) Alexander starb unerwartet und konnte keine Autobiografie verfassen. Dennoch hätte er sicher viel zu sagen gehabt! Versetze dich in die Person Alexanders und schreibe auf, wie er sein Leben beschrieben hätte.

b) Ein griechischer Soldat, der in Susa eine Perserin geheiratet hat, ist inzwischen ein alter Mann. Verfasse seine Lebensbeschreibung, die er an seine Enkelkinder richtet.

Alexander der Große, Nachbildung einer Statue aus der Zeit Alexanders

Leben nach Art der Griechen?

Das Ende der Poliswelt

Nach Alexanders Tod entbrannte unter den hohen Offizieren aus den Familien des makedonischen Adels der Kampf darüber, wer der Nachfolger (= griech. Diadoche) des Herrschers werden sollte. Am Ende langer Diadochenkämpfe wurde das Reich Alexanders zwischen drei Herrscherfamilien aufgeteilt: Die Seleukiden erhielten Kleinasien, Syrien, Mesopotamien und das Kernland Persiens. Die Ptolemäer beherrschten Nordafrika und Palästina. Die Antigoniden wurden Könige von Makedonien und Teilen von Griechenland, darunter Attika.

In Athen brachen nun neue Zeiten an. Bürger, die den neuen Gebietern nicht genehm waren, mussten fliehen oder wurden hingerichtet. Den politischen Gewohnheiten der Griechen widersprach dies zutiefst, waren sie doch gewohnt als freie Bürger die Angelegenheiten ihrer Stadt selbst in die Hand zu nehmen. Die meisten Menschen hörten auf sich für Politik zu interessieren und nur noch wenige reiche Bürger nahmen Einfluss auf die Entscheidungen, die in der Stadt getroffen wurden. Dennoch begann sich gerade jetzt die griechische Kultur*, das heißt die Lebensweise, wie sie sich in den Stadtstaaten entwickelt hatte, überall auszubreiten. Diese Zeit heißt Epoche des Hellenismus.

Griechen in Ägypten und Asien?

Im 4. Jahrhundert v. Chr. waren viele Griechen nach Ägypten und Asien gelangt und hatten sich auf Dauer in den eroberten Gebieten niedergelassen. Die griechischen Bewohner brachten ihre Lebensweise mit, aber sie übernahmen auch viele Dinge von der einheimischen Bevölkerung. Besonders die reicheren Schichten in den Städten bewahrten ihre griechischen Sitten. Sie bauten Häuser und Tempel, wie man sie zum Beispiel in Athen fand, und förderten die Wissenschaften und die Kunst. Viele Städte entwickelten sich zu bedeutenden Zentren für den Handel und die Wissenschaft.

Hellenismus

Der Begriff Hellenismus (griech. Hellas = Griechenland) bezeichnet eine Epoche der griechischen Geschichte. Sie begann mit der Regierung Alexanders des Großen und dauerte bis zur Eroberung der Diadochenreiche durch die Römer (1. Jh. v. Chr.). Die griechische Kultur beeinflusste das Leben in den Städten von Ägypten bis zur Grenze Indiens und vermischte sich mit der Lebensweise der einheimischen Bevölkerung. Diese Mischkultur wird als hellenistische Kultur bezeichnet.

M1 **Die Tempel der Stadt Petra** im heutigen Jordanien, Foto, 1991. Petra (griech. Fels), heute Ruinenstätte und Felsenburg, war in der Antike die Hauptstadt des Nabatäerreiches, wichtiger Handelsknotenpunkt und Stapelplatz im Karawanenverkehr. Seine erhaltenen Prachtbauten, besonders Felsengräber mit kunstvollen Fassaden, zeigen eine Mischung aus orientalischen, hellenistischen und römischen Baustilen.

1. Beschreibe das Foto M1. Erläutere mithilfe des Darstellungstextes und des Begriffskastens die Umstände, unter denen der Tempel vermutlich entstanden ist (Ort, Zeitraum, Grund).
2. Arbeite aus der Karte S. 123 heraus, in welchen Gegenden zur Zeit Alexanders Städte entstanden. Welche Staaten befinden sich dort heute?

Hellenismus – die Welt wird griechisch

M2 Ein Brief von Nikephóros

Im 3. Jahrhundert v. Chr. schickten viele Athener ihre Kinder zur Ausbildung in die ägyptische Hauptstadt Alexandria. Stellen wir uns vor, einer dieser jungen Griechen hätte nach Hause geschrieben:

Liebe Eltern,

Poseidon sei Dank, ich bin heil in Alexandria angekommen! Diese Stadt ist voller Wunder. Schon bei der Einfahrt in den Hafen bin ich aus dem Staunen nicht herausgekommen. Auf der Insel Pharos steht ein gigantischer Leuchtturm: Er ist unglaubliche 120 Meter hoch und seine Feuer sind 50 Kilometer weit zu sehen! Ein künstlicher Damm, der 1500 Meter lang ist, verbindet die Insel mit der Stadt. Stellt euch vor: Täglich legen in den beiden Häfen 400 Schiffe an!

Ich glaube, in Alexandria kommen alle Völker der Welt zusammen: Griechen, Ägypter und Juden machen den größten Anteil der über 500 000 Bewohner der Stadt aus. Man sagt, Alexandria sei die größte Stadt der Welt. Und stellt euch vor: Alle sprechen griechisch!

Vieles in Alexandria erinnert mich an Athen: Es gibt hier ein Theater, ein Stadion und ein Gymnasion wie das, das ich in Athen besucht habe.

Alexandria ist nach einem Plan erbaut. Zwei große Prachtstraßen führen durch die Stadt. Sie sind 30 Meter breit! Was hier alles auf sechs Kilometern Länge zwischen dem Mond- und dem Sonnentor an buntem Leben geboten wird, ist fantastisch. Dagegen ist die Agora in Athen langweilig! Allein die Königsstadt nimmt schon ein Drittel des gesamten Stadtgebietes ein.

Da ihr mich so großzügig mit Geld ausgestattet habt, werde ich bestimmt Gelehrte finden, die mich unterrichten. Am hiesigen Museion sind die gelehrtesten Wissenschaftler der ganzen Welt versammelt. Ich kann mich in Anatomie, Medizin, Physiologie, Astronomie, Zoologie, Botanik, Philologie, Mathematik, Technik und Mechanik unterrichten lassen. Zum Museion gehören auch ein Tiergarten und die größte Bibliothek der Welt. Die große Alexander-Bibliothek umfasst über 700 000, die kleine über 40 000 Buchrollen! Könnt Ihr euch das vorstellen? Hier ist alles Wissen der Welt versammelt!

Liebe Eltern, ich bin ganz erschlagen von den Eindrücken. Beim nächsten Mal kann ich euch vielleicht schon berichten, dass ich einen Lehrer gefunden habe. Athene beschütze euch! Euer Nikephóros.

Verfassertext zusammengestellt nach Erkenntnissen aus der Geschichtsforschung.

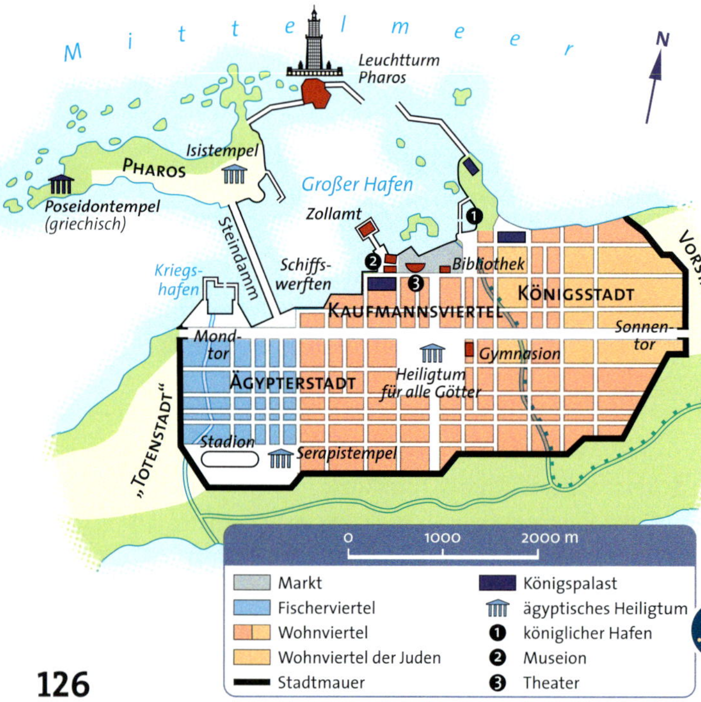

M3 Plan der ägyptischen Stadt Alexandria im 3. Jahrhundert v. Chr.

M4 Zum Begriff Hellenismus

Ein Historiker fasst zusammen, was heute unter Hellenismus verstanden wird (1990):

Heute gibt es zwei Hauptpositionen ... Oft erscheint der Hellenismus als eine von Alexander eingeleitete Epoche der Verschmelzung. Überwiegend aber wird heute betont, dass trotz aller Annäherung die griechische und die jeweils einheimische Kultur sich nicht wirklich miteinander vermischten, dass es keine neue Einheit gab, sondern ein sich mehr oder weniger beeinflussendes Nebeneinander. Gerade weil die Griechen auf teilweise wesentlich ältere Kulturen trafen, die eine hohe Eigenständigkeit und Lebendigkeit auszeichnete, setzten sie sich nicht völlig durch.

Hans-Joachim Gehrke, Geschichte des Hellenismus, München (Oldenbourg) 1990, S. 129 f.

Hellenismus – die Welt wird griechisch

Die Weltkarte des Eratosthenes von Kyrene, 3. Jh. v. Chr. Eratosthenes (280–200 v. Chr.) fand heraus, dass die Erde eine Kugelgestalt haben müsse. Er berechnete den Erdumfang auf 40 000 km. Seine Weltkarte enthielt als Erste ein Gradnetz um Entfernungen bestimmen zu können.

M5

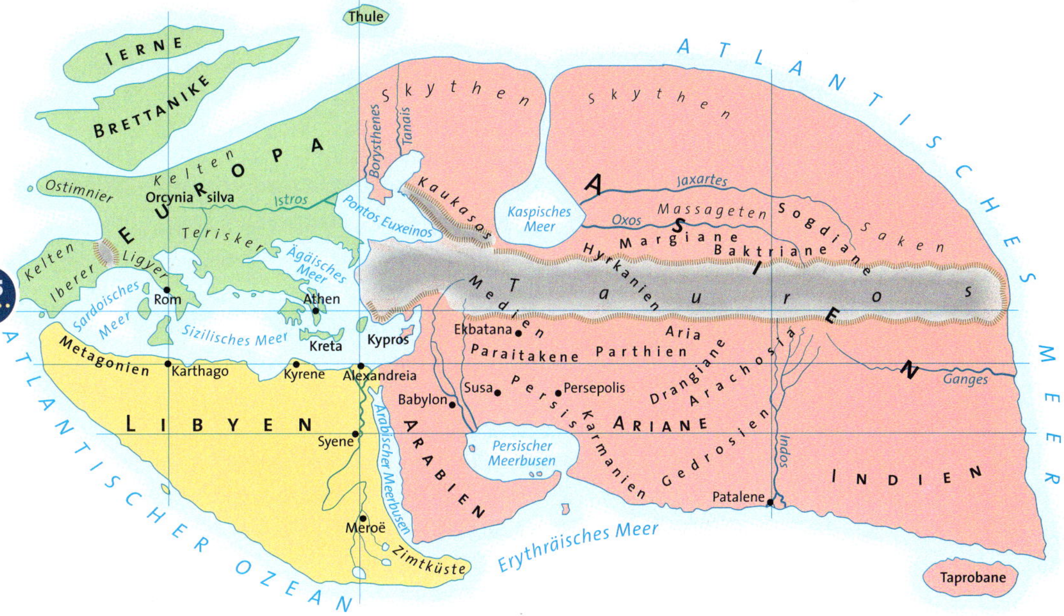

Eine Stadt für die Wissenschaft

Die ägyptische Hauptstadt Alexandria wurde zum Anziehungspunkt für viele griechische Forscher. Die ptolemäischen Könige hatten hier ein Gebäude errichten lassen, das Museion genannt wurde. Hier trafen sich Wissenschaftler aus der ganzen Welt. Sie beschäftigten sich mit philosophischen Fragen, übersetzten Bücher aus vielen Sprachen und betrieben technische Experimente. Das neue Wissen breitete sich in der ganzen griechischen Welt aus, denn viele Herrscher wollten es den Ptolemäern gleichtun und errichteten Bildungsstätten („Gymnasien") und Bibliotheken.

Klub der Erfinder – eine Gruppenarbeit

Auf dieser Seite findet ihr die Abbildungen von zwei berühmten Erfindungen, die in der Stadt Alexandria entstanden sind. Bildet kleine Gruppen und beschäftigt euch mit jeweils einer Erfindung:

a) Stellt fest, mithilfe welcher Wissenschaften die Erfindungen zustande kamen.

b) Beschreibt die Erfindungen und ihren praktischen Nutzen.

c) Sammelt mehr Informationen über die Erfinder (Lexika, Bücherei) und ihre Erfindungen.

d) Tragt eure Ergebnisse in der Klasse vor.

M6 **Ein Münzautomat für Weihwasser,** 1. Jh. n. Chr., Rekonstruktionszeichnung, 1999. Der Erfinder Heron von Alexandria lebte um 50 n. Chr.

3 Stelle aus M2 und M3 zusammen, was Griechen in Alexandria fremd und was ihnen vertraut war.

4 In M4 findest du zwei moderne Meinungen zum Hellenismus. Erläutere beide Meinungen und vergleiche sie mit M2 und M3. Welche Position überzeugt dich mehr?

5 Überlege, warum sich nur in größeren Städten die hellenistische Lebensweise entwickelte, während das Leben in den Dörfern davon unberührt blieb.

Das antike Griechenland – ein Überblick

Die frühen Griechen

Wie im alten Ägypten und in Mesopotamien waren auch im frühen Griechenland die Lebensweise und die politische Entwicklung stark von den geografischen Lebensbedingungen bestimmt.
Durch die vielen Gebirge zerfiel Griechenland in kleine selbstständige Herrschaftsgebiete, die Stadtstaaten. Damit unterschied sich Griechenland von dem Flächenstaat Ägypten.
Obwohl sich die Stadtstaaten getrennt voneinander entwickelten, entstand im Laufe der Zeit ein starkes Zusammengehörigkeitsgefühl unter den Griechen. Ihre Einheit stützten sie auf eine gemeinsame Sprache und seit dem 8. Jahrhundert v. Chr. auf eine gemeinsame Schrift. Sie fühlten sich außerdem durch ihren Glauben an dieselben Götter verbunden. Wichtig waren den Griechen besonders ihre gemeinsamen religiösen Feste und Wettkämpfe, wie zum Beispiel die Olympischen Spiele.
Vom 8. bis zum 6. Jahrhundert gründeten viele Stadtstaaten im Mittelmeergebiet Kolonien, die sich nach dem Vorbild ihrer Mutterstädte entwickelten.

Die Entwicklung der Stadtstaaten Sparta und Athen

Die bekanntesten Stadtstaaten waren Sparta und Athen. Sie entwickelten sich unterschiedlich. In Sparta war das ganze Leben der Bevölkerung durch den Staat geregelt. Die Spartiaten, Männer und Frauen, erhielten von Kindheit an eine militärische Ausbildung. Die Bevölkerung eroberter Gebiete musste als rechtlose Heloten für die Spartaner arbeiten.
In Athen herrschte bis zum 7. Jahrhundert der Adel. 594 v. Chr. begann mit den Gesetzen des Politikers Solon in Athen die Entwicklung zur Staatsform der Demokratie. Alle Bürger wurden zur Volksversammlung zugelassen. Nach weiteren Reformen durch den Politiker Kleisthenes 508 v. Chr. wurde schließlich um 450 v. Chr. die demokratische Verfassung Athens vollendet: Der Politiker Perikles sicherte allen männlichen Bürgern politische Mitsprache.
Alle Männer konnten sich an den Beschlüssen der Polis beteiligen und hatten durch Los Zugang zu politischen Ämtern. Frauen aber waren in Athen von der Politik ausgeschlossen.

Sicherung der Demokratie und kulturelle Blüte in Athen

Von 490–479 v. Chr. führten die griechischen Stadtstaaten gemeinsam Krieg gegen das Persische Reich. Durch einen Sieg der Athener Flotte konnten sie am Ende ihre Freiheit behaupten. Danach wurde Athen zur wichtigsten See- und Handelsmacht Griechenlands. Durch die Bundeskasse des Delisch-Attischen Seebundes und den blühenden Seehandel mit allen griechischen Kolonien floss viel Geld in die Stadt. Die Waren, die Athen für den Export brauchte, wurden von der großen Bevölkerungsgruppe der Metöken und Sklaven hergestellt. Athen verlor seine Hegemonie nach dem Peloponnesischen Krieg (431–404 v. Chr.) an Sparta.
In Athen entstanden große Bauwerke und bedeutende Kunstwerke. Die Athener erfanden das Theater und verfassten die ersten Tragödien und Komödien. Philosophen legten mit ihren Ideen über die Welt und das menschliche Handeln die Grundlage für die modernen Wissenschaften.

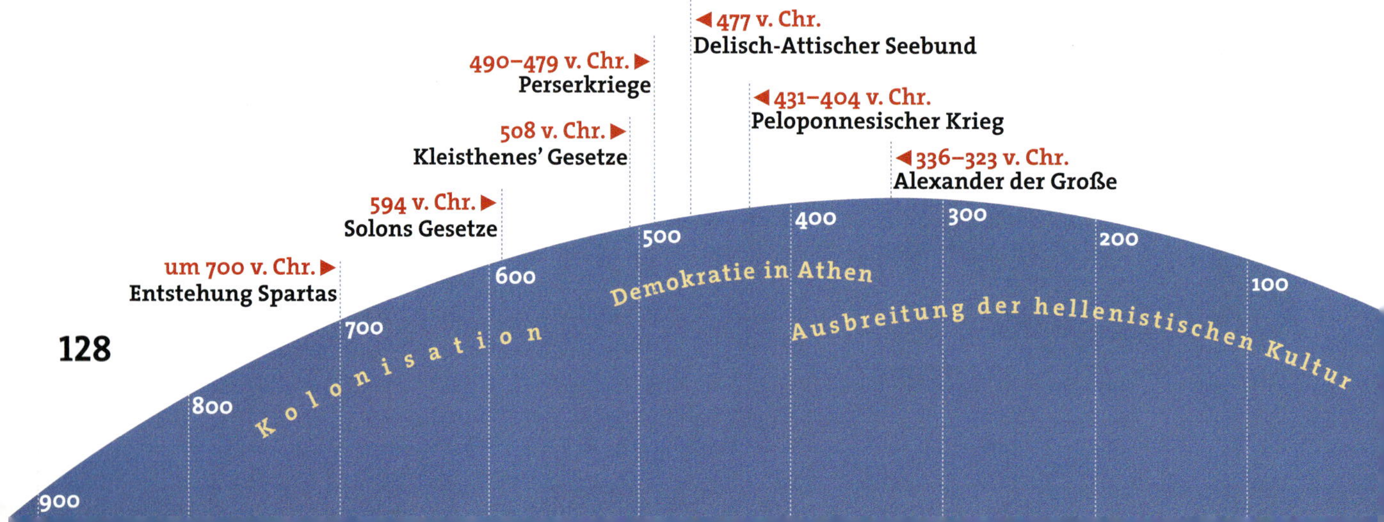

Wir wiederholen zentrale Begriffe und Methoden

Die Epoche des Hellenismus

Die Epoche des Hellenismus begann mit der Herrschaft Alexanders des Großen. 334 v. Chr. begann er einen Feldzug gegen die Perser, der ihn innerhalb von zehn Jahren zum Herrscher über ein großes Weltreich machte. Als Herrscher über viele Völker wurde Alexander wie ein Gott verehrt. Nach seinem frühen Tod zerfiel sein Reich. In zahlreichen Kämpfen zwischen seinen Nachfolgern bildeten sich schließlich drei große Diadochenreiche heraus. Die Städte wurden zu bedeutenden Handels-, Wirtschafts- und Wissenschaftszentren. Dort breitete sich griechische Lebensweise aus und beeinflusste andere Kulturen.
Die hellenistischen Reiche wurden im 1. Jh. v. Chr. von den Römern erobert. Dennoch sind die Ideen der Griechen durch viele Jahrhunderte überliefert worden und bestimmen unser Leben bis heute.

- **Polis** S. 78
- **Aristokratie** S. 84
- **Hopliten** S. 91
- **Verfassung/Staatsform** S. 95
- **Hegemonie** S. 105
- **Demokratie** S. 108
- **Philosophie** S. 117
- **Hellenismus** S. 125

- **Arbeit mit einer Geschichtskarte** S. 80 f.
- **Was sagen Kunstwerke aus?** S. 100 f.
- **Schriftliche Quellen entschlüsseln** S. 121

Ein Scherbenhaufen?

Hier sind den Archäologen einige Scherben durcheinander geraten. Wenn du das Kapitel aufmerksam gelesen hast, kannst du helfen. Finde die Vasen, zu denen die einzelnen Scherben gehören.

Kapitel 1: Einführung in die Geschichte

M1 **Die Lebensstufen des Mannes,** Lithografie (Steindruck) aus der Mitte des 19. Jahrhunderts

Mittag, **M2** Gemälde von Hans Baluschek, 1894

1 Beschreibe M1 und formuliere, wie hier das Leben der Menschen in der Zeit dargestellt wird.
2 Erläutere die „Lebensstufen des Mannes" (M1) und überlege, ob „Lebensstufen" auch anders verlaufen können.
3 Erarbeite anhand von M2, was der Maler darstellen wollte. Welche Fragen bleiben offen? Achte auf die Informationen in der Bildunterschrift. Lies auf S. 10/11 nach.
4 Erkläre: Quelle – Zeitmessung – Epochen – christliche Zeitrechnung – muslimische Zeitrechnung.
5 Schreibe zusammenfassend auf, wie die Zeit das Leben der Menschen bestimmt. Lies im Kapitel 1 nach.

M3

M6

M4

M5

6 Beschreibe M3 bis M6 und ordne sie den Epochen Altsteinzeit, Jungsteinzeit, Bronzezeit und Eisenzeit zu. Begründe deine Entscheidung jeweils mit Belegen aus dem Kapitel. Achtung! Eine Abbildung zeigt keinen Fund, sondern eine Rekonstruktion!

7 Schreibe in einem Bericht auf, welche Schlüsse ein Archäologe/eine Archäologin aus den Funden über das Leben der Menschen in jener Zeit ziehen könnte.

8 Stelle in einer Tabelle die wichtigsten Unterschiede in den Lebensformen der Menschen in der Altsteinzeit, der Jungsteinzeit und der Metallzeit zusammen.

9 Erläutere: Mythen – Archäologie – Homo erectus – Homo sapiens sapiens – Altsteinzeit – Felsmalerei – Neolithische Revolution – Metallzeit. Informiere dich, wenn nötig, im Kapitel.

10 Erkläre und bewerte die folgende Aussage: Die Archäologie ist ein Fenster in die Vergangenheit.

Kapitel 2: Ägypten – eine frühe Hochkultur

M1 **Fischfang im Papyrusdickicht,** Malerei aus dem Grab des Bildhauers Ipui in Deir el-Medineh, um 1300 v. Chr.

M2 Gewohnheiten der Sumpfbewohner

Der griechische Geschichtsschreiber Herodot (ca. 485–425 v. Chr.) bereiste Ägypten und schrieb seine Eindrücke auf:

Wenn der Strom anschwillt und aus der Ebene ein Meer macht, wachsen im Wasser Unmengen von Lilien, die man in Ägypten Lotos nennt. Man ... trocknet sie an der Sonne und zerstampft die Kerne der Fruchtkapsel, die dem Mohn gleichen; daraus formt und bäckt man Brot im Feuer. Auch die Wurzel dieses Lotos ist essbar und hat einen ziemlich süßlichen Geschmack. Sie ist rundlich, etwa von der Größe eines Apfels ... Aus den Sümpfen ziehen die Ägypter die jährigen Schösslinge der Byblosstaude, schneiden den oberen Teil ab, ... der untere Teil, der noch eine Elle lang ist, wird gegessen ... Wer ihn besonders schmackhaft zubereiten will, röstet ihn im glühenden Ofen und isst ihn so ...
Gegen die Mücken, die es in ... Mengen gibt, ... [haben] die Bewohner des Sumpflandes eine ... Einrichtung erdacht: Jeder besitzt dort ein Fischernetz, mit dem er tagsüber Fische fängt; in der Nacht aber ... befestigt [er] es rings um das Lager, auf dem er ruht; dann kriecht er darunter und schläft unter dem Netz. Läge jemand ... unter einem Betttuch, würden die Mücken hindurchstechen.

Zit. nach Herodot, Historien, Bd. 1, hg. v. Josef Feix, 5. Aufl., Zürich (Artemis & Winkler) 1995, S. 272 ff.

1 Nicht nur der Alltag, sondern auch die Gesellschaft im alten Ägypten wurde vom Leben am Nil beeinflusst. Prüfe diese Behauptung, indem du anhand von M6, S. 53, überlegst, inwiefern die dort genannten „Berufe“ Aufgaben einschließen, die sich aus dem Leben am Fluss ergeben.

2 Liste anhand von M1 und M2 alles auf, was zum Leben der Menschen entlang des Nils gehörte. Lege eine Tabelle an und trage deine Belege ein:

Tätigkeiten	tierische und pflanzliche Rohstoffe	Produkte	Gegenstände/Erfindungen

3 Lies auf S. 71 die Erklärung des Begriffs „Hochkultur“. Zeige, dass die hier aufgeführten Merkmale auf das alte Ägypten zutreffen. Nutze dazu die Informationen im Kapitel.

Kapitel 3: Das antike Griechenland

M1 Die Agora aus der Sicht eines Griechenland-Reisenden

Die Reisebeschreibung Griechenlands des aus Lydien (Kleinasien) stammenden Pausanias (ca. 115–190 n. Chr.) gilt heute als wichtigste Beschreibung des antiken Griechenlands, obwohl sie – so vermuten Wissenschaftler – von den Zeitgenossen nicht gelesen wurde. Die zehn Bücher sind jeweils Landschaften gewidmet. Im ersten Buch (Attika) schreibt Pausanias über Athen:

[Entlang der Marktstraße] ist eine Halle[1] gebaut mit Statuen der zwölf Götter. Auf der [den Statuen] gegenüberliegenden Wand ist Theseus[2] gemalt und die Demokratia und der Demos. Die Beischrift besagt, dass Theseus in Athen die Demokratie eingeführt habe und dass die Athener seit seiner Zeit immer demokratisch gelebt hätten, bis Peisistratos auftrat und Tyrann wurde. Es wird ja viel Unwahres erzählt bei der geschichtsunkundigen Menge ..., so auch bei Theseus, der doch selber noch König war und dessen Nachkommen ... noch bis zur vierten Generation in der Herrschaft blieben ...

Auch ein Heiligtum der Göttermutter[3] ist dort errichtet ... und in der Nähe das Rathaus der Fünfhundert[4], die ein Jahr lang Ratsherren in Athen sind. Nahe dem Rathaus der Fünfhundert befindet sich die so genannte Tholos[5] ... [Auf der gegenüberliegenden Straßenseite] stehen Standbilder der Heroen[6], nach denen später die athenischen Phylen ihre Namen erhielten. Wer aber die zehn statt der vier Phylen einrichtete und ihre Namen gegenüber den alten änderte, ... das hat Herodot[7] erzählt.

Pausanias, Beschreibung Griechenlands, übers. und hg. v. Ernst Meyer, München (dtv) 1972, S. 58 ff.

1 Die Zeushalle wurde in der 2. Hälfte des 5. Jahrhunderts v. Chr. gebaut.
2 Held der Athener, Sohn des Gottes Poseidon oder des attischen Königs Aigeus und der Aithras, bei der er aufwuchs. Der Sage nach vollbrachte er viele Heldentaten und einigte als König Attika und schränkte die Königsgewalt ein.
3 Das so genannte Metroon für die Göttermutter Kybele stammte – wie Pausanias es vorfand – aus hellenistischer Zeit (ca. 140 v. Chr.).
4 Das so genannte „Buleuterion“, in dem die Ratsherren tagten, wurde im 5. Jahrhundert v. Chr. errichtet.
5 Rundtempel, entstanden ca. 470 v. Chr.
6 Einzelne Personen, die sich (meist im Kampf) besonders ausgezeichnet hatten, wurden nach dem Tode heroisiert, d.h., man sprach ihnen eine göttliche Kraft zu – viele von ihnen waren der Sage nach früher Götter gewesen, wie z. B. Herakles.
7 griechischer Geschichtsschreiber (um 485–425 v. Chr.).

1 Untersuche M1 mithilfe der Arbeitsschritte, die du zum Entschlüsseln schriftlicher Quellen (siehe S. 121) kennen gelernt hast.

2 Erläutere die in M1 genannten Begriffe, die zur attischen Demokratie gehörten.

3 Die Götter im antiken Griechenland spielten eine wichtige Rolle: sowohl im Leben des Einzelnen als auch in allen Bereichen, die die Polis betrafen. Nenne mindestens drei Beispiele dafür.

4 Überlege, wie in Sparta und Athen die Verpflichtung, für die Polis zu leben, den Alltag von Familien bzw. Hausgemeinschaften jeweils bestimmte (siehe S. 89–92 und S. 110–115).

5 Erkläre: Polis – Demokratie – Hellenismus – Antike.

Im Lexikon werden Fremdwörter, historische Begriffe und Ereignisse erläutert, die in den Darstellungstexten dieses Buches auftauchen. Die „zentralen Begriffe" aus den kleinen Kästen erscheinen hier mit Seitenverweisen.

Adel ist eine in der Gesellschaft hervorgehobene Gruppe, die sich durch Reichtum, Bildung und eigenen Lebensstil auszeichnet. Zugehörigkeit zum Adel kann, wie in Griechenland, erblich, d. h. an hohe Geburt geknüpft sein.

Arbeitsteilung: siehe S. 51

Archäologe/Archäologin: siehe S. 16

Archonten. Die jährlich neu gewählten neun Archonten waren in Athen die leitenden Beamten. Zunächst entstammten sie dem Adel, später konnten auch reichere Bürger gewählt werden. Nach der Reform des Kleisthenes verringerte sich ihr Einfluss zunehmend. Seit dem 5. Jahrhundert v. Chr. bekleideten die Archonten nur noch ein Ehrenamt.

Areopag (= griech. „der Areshügel"). Bezeichnung für die Versammlung, die in der griechischen Adelszeit alle Staatsgeschäfte leitete und das höchste Gericht war. Seit der Einführung der Demokratie und des → Volksgerichts verlor der Areopag an Einfluss und behielt nur noch die Entscheidung bei Mord. Noch heute heißt der höchste Gerichtshof in Athen so.

Aristokratie: siehe S. 84

Athener Flotte: siehe S. 104

Bürger/Bürgerrecht. Bürger waren in der Antike alle Personen, die am politischen Leben aktiv teilnahmen und das Bürgerrecht besaßen. Das Bürgerrecht in Griechenland war erblich; es konnte aber auch an auswärtige Personen verliehen werden. Außer diesen Vollbürgern (in Sparta z. B. den → Spartiaten) gab es in den griechischen Staaten minderberechtigte Personen, z. B. Frauen oder Metöken, die keine Ämter bekleiden durften. Pflichten der Bürger waren der Schutz des Staates gegen äußere und innere Feinde und die Teilnahme an Kult und Religion.

Demagogen. Bezeichnung für die Redner in der Athener Volksversammlung. Bereits in der Antike wurde das Wort Demagoge in der Bedeutung „Volksverführer" benutzt.

Demokratie: siehe S. 108

Enteignung. Entziehung oder Begrenzung von privatem Eigentum.

Ephoren (= griech. Aufseher). In der spartanischen Verfassung hatten fünf jährlich neu gewählte Ephoren als Inhaber der höchsten Staatsämter nach den Königen über die Einhaltung der Gesetze zu achten.

Epos. In einem Epos werden sagenhafte oder geschichtliche Ereignisse in dichterisch überhöhter Sprache, z. B. in Versen, dargestellt. Ältere Epen schildern häufig das Leben in adligen Gesellschaftsschichten, verbunden mit Götter- und Heldensagen. Die ältesten europäischen Epen sind die „Ilias" und die „Odyssee" (Ende des 8. Jh. v. Chr.), die dem griechischen Dichter Homer zugeschrieben werden.

Expedition. Eine Expedition ist eine (Forschungs-)Reise in ein unbekanntes Gebiet.

Export. Die Lieferung von im Inland hergestellten Waren in andere Länder.

Gerusia (= griech. Rat der Ältesten). Neben den zwei Königen und den fünf → Ephoren bildete die Gerusia in Sparta die dritte Regierungsgewalt. 28 Geronten – über 60 Jahre alt und auf Lebenszeit gewählt – berieten bei allen wichtigen politischen Ereignissen mit.

Hammurabi: siehe S. 70.

Hegemonie: siehe S. 105

Hellenismus: siehe S. 125

Heloten. Während der Eroberung Lakoniens durch die Dorier wurde die dort lebende Bevölkerung unterworfen und versklavt. Diese Heloten unterschieden sich von Sklaven in anderen antiken Staaten dadurch, dass sie dem spartanischen Staat gehörten, in Familien weiterleben und auch ihren alten Bräuchen und ihrer Religion nachgehen konnten. Sie bearbeiteten das Land für die spartanische Oberschicht, die → Spartiaten.

Herrschaft: siehe S. 52

Hierarchie: siehe S. 53

Hochkultur: siehe S. 71

Homer: siehe S. 83

Hopliten: siehe S. 91

Import. Einfuhr von im Ausland hergestellten Waren.

Judentum: siehe S. 73

Kelten. In Europa lebende vorgeschichtliche Völkergruppe. Die Kelten wurden im 5. Jahrhundert v. Chr. erstmals von den Griechen als Bewohner Süddeutschlands beschrieben. Archäologische Funde, die den Kelten zugeordnet werden, sind auch älter. Bis zum 3. Jahrhundert breiteten sich keltische Lebens- und Kunstformen in weiten Teilen Mittel- und Westeuropas aus. Die meisten Kelten lebten als Bauern in einfachen Höfen oder Dörfern. Manche Siedlungen wurden auf Hügeln errichtet und befestigt. Wir bewundern heute insbesondere die künstlerischen Fähigkeiten der keltischen Handwerker. Im Zuge der Ausdehnung des Römischen Reiches in Westeuropa seit dem 1. Jahrhundert v. Chr. wurde die keltische Kultur von der römischen weitgehend überlagert.

Kolonie bezeichnet eine städtische Neugründung. Griechen und Römer haben Kolonien gegründet. Landmangel und Überbevölkerung führten zur Ausbreitung der Griechen an den Küsten des Mittel- und des Schwarzen Meeres (8.–6. Jahrhundert v. Chr.). Diese Kolonien, die ihrerseits auch wieder Koloniegründungen vornahmen, waren unabhängig von der Mutterstadt; sie blieben ihrer Heimat u. a. durch die Olympischen Spiele und die Götterwelt verbunden. Seit Alexander dem Großen wurden vor allem in den östlichen Teilen des Reiches neue Kolonien gegründet, die der militärischen Sicherung, aber auch der Versorgung der Soldaten dienten.

Komödie. Die Komödie ist ein Bühnenstück mit komischen Handlungselementen. Oft wird ein typisches Alltagsproblem aufgegriffen. Die Komödie stellt menschliche Fehler mit Witz bloß und hat einen heiteren Ausgang.

Konkurrenten. Wettbewerb zweier Personen, Parteien oder Länder um einen politischen oder wirtschaftlichen Vorteil.

Kooperation: siehe S. 51

Kulturen. Menschliche Gruppen (Völker) unterscheiden sich in ihren Lebensformen. Es gibt bei ihnen z. B. ganz unterschiedliche Geräte, Werkzeuge, Waffen, Häuser und Siedlungen, Kleidung, Schmuckstücke, Kunstwerke, Musik und Tänze, Ernährungsweisen, Religionen und Ordnungen des Zusammenlebens. Sie haben damit unterschiedliche Kulturen. Bei schriftlosen Kulturen erkennen wir nur die Eigenarten der Lebensbereiche, die Spuren im Boden hinterlassen konnten. Bei schriftlicher Überlieferung wissen wir auch etwas darüber, was die Menschen gedacht und geglaubt haben.

Metallzeit: siehe S. 41

Metöken (= griech. „Mitbewohner"). Die Metöken lebten als Freie in Athen ohne attische Bürger zu sein. Sie durften kein Land in Attika besitzen und waren vor allem in Handwerk und Handel tätig. Ähnliche Gruppen gab es in vielen antiken Städten.

Monarch. Ein durch Vorrechte der Geburt wie z. B. Abstammung aus dem Adel ausgezeichnete Person, die an der Spitze eines Staates steht (König, Kaiser).

Monotheismus: siehe S. 73

Neolithische Revolution: siehe S. 34

Oikos (= griech. Haus). Der Oikos umfasste in Griechenland nicht nur das Haus als Gebäude, sondern die ganze Hausgemeinschaft: die Familie, Gäste und Sklaven, das dazugehörige Land und das Vieh. Alles dies stand unter der Gewalt des Herrn des Oikos („Kyrios"). Von dem Wort Oikos ist auch der Begriff Ökonomie = Hauswirtschaft abgeleitet.

Olympische Spiele: siehe S. 98

Orakel von Delphi: siehe S. 87

Perikles: siehe S. 108

Periöken (= griech. „Umwohnende"), d. h. die Bewohner der Städte, die auf spartanischem Staatsgebiet „um Sparta herum" lagen. Deren Einwohner waren nicht → Sklaven, aber auch nicht spartanische Bürger. Sie waren meist Handwerker und stellten die Dinge her, welche die Spartaner brauchten. Den spartanischen Bürgern war jegliche Arbeit verboten.

Persisches Reich: siehe S. 103

Phalanx (= griech. Walze). Seit dem 7. Jahrhundert v. Chr. kämpften die schwer bewaffneten griechischen Fußsoldaten → Hopliten in dieser geschlossenen, aus mehreren Gliedern bestehenden Schlachtordnung.

Philosophie: siehe S. 117

Polis: siehe S. 78

Polytheismus: siehe S. 73

Pyramide: siehe S. 58

Quellen: siehe S. 11

Rat der Fünfhundert. Bezeichnung für die zentrale politische Versammlung der attischen Demokratie, die von Kleisthenes geschaffen worden war. Der Rat der Fünfhundert bereitete die Volksversammmlung vor und legte die Vorlagen fest, über die abgestimmt werden sollte. Er kontrollierte die Beamten. Außerdem bildete der Rat Ausschüsse (zu je 50 Mann), die nacheinander für jeweils ein Zehntel des Jahres die Geschäfte führten. Bürger aus ganz Attika konnten in diesen Rat gelost werden.

Satiriker. Ein Schriftsteller, der durch Übertreibung und Spott Kritik an den Zuständen und Personen seiner Zeit übt.

Schöpfung: siehe S. 14

Schuldknechtschaft. Im frühen Griechenland (8. und 7. Jahrhundert v. Chr.) konnte sich jemand, der von einem anderen etwas lieh, in die Schuldknechtschaft des Gläubigers begeben. Das heißt, dass der Gläubiger dann, wenn der Schuldner seine Schuld nicht zurückzahlen konnte, nicht nur Zugriff auf das Land und den Besitz, sondern auch auf die Person des Schuldners nehmen konnte. Der Schuldknecht verlor einen Teil seiner persönlichen Freiheit und musste seine Schulden abarbeiten, was praktisch nie gelang. Für den Gläubiger war die Schuldknechtschaft ein Mittel Arbeitskräfte zu bekommen.

Sklaven. Nach griechischem und römischem Recht waren Sklaven eine Sache, über die der Besitzer frei verfügen konnte. Sklaven wurden im Bergbau und in der Landwirtschaft eingesetzt, sie waren im Haushalt, im Handwerk und in der Verwaltung tätig. Ihre tatsächliche Lage hing sehr von den Tätigkeitsbereichen ab. Man konnte Sklaven durch Kauf erwerben (Sklavenhandel) oder dadurch, dass man Kriegsgefangene versklavte. Kinder von Sklaven blieben Sklaven.

Solon: siehe S. 94

Spartiaten. Bezeichnung für die wenigen tausend Bürger Spartas, deren Leben nur dem Krieg und dem Staat gewidmet war. Für den Unterhalt der Familien der Spartiaten mussten die → Heloten sorgen.

Staat: siehe S. 52

Staatsform: siehe S. 95

Stadtstaat → Polis: siehe S. 78

Theten. Bei Homer sind Theten diejenigen, die keinen eigenen → Oikos haben und deshalb um Lohn für andere arbeiten müssen. Seit Solon bilden die Theten in Athen die unterste Vermögensklasse. Sie haben zwar Zugang zur → Volksversammlung und zum Volksgericht, dürfen aber nicht als → Hopliten dienen und können keine höheren Ämter bekleiden. Nach der Gründung des Delisch-Attischen Seebundes (478/77 v. Chr.) gewannen die Theten als Ruderer auf der Flotte politisches Gewicht und waren mitentscheidend für die Entstehung der attischen Demokratie.

Traditionen: siehe S. 11

Tragödie. Die antike Tragödie ist ein Bühnenstück, das einen unlösbaren Konflikt zwischen dem Helden und den göttlichen Gesetzen zum Thema hat. Die Zuschauer sollen während des Stückes schaudern und erschrecken um danach ihr Handeln zu ändern und ein besseres Leben zu führen.

Tyrannis. Der Begriff bezeichnet ursprünglich eine Herrschaftsform der Griechen, die dadurch gekennzeichnet war, dass ein Adliger die alleinige Machtausübung in einer Polis erlangt hatte. Heute versteht man darunter eine uneingeschränkte Gewaltherrschaft von einzelnen Machthabern ohne eine gesetzliche Grundlage.

Überreste: siehe S. 11

Verfassung: siehe S. 95

Verwaltung: siehe S. 52

Volksgericht. In Athen führte der Politiker Solon 594 v. Chr. das Volksgericht ein. Jeder attische Bürger über 30 Jahre konnte Richter werden. In der attischen → Demokratie wurden 6000 Richter ausgelost. Für ihre Tätigkeit bekamen sie Tagegelder („Diäten"). Vor ihrer Richtertätigkeit mussten sie einen Eid leisten, in dem sie sich zur Wahrung der Gesetze verpflichteten.

Volksversammlung. Wenn alle stimmberechtigten → Bürger eines Staatswesens zusammentreten um ihre politischen Rechte wahrzunehmen, spricht man von einer Volksversammlung. In Griechenland gab es eine solche schon in der archaischen Zeit; sie hatte aber noch keine Mitbestimmungsrechte. Im demokratischen Athen war die Volksversammlung das Zentrum des politischen Lebens: Sie allein entschied in allen wichtigen politischen Fragen. Durch das Scherbengericht konnte sie mit Mehrheitsbeschluss jeden Bürger, in dem sie eine Gefahr für die Demokratie sah, für eine bestimmte Zeit aus der Polis verbannen. Auch in Sparta hatte die Volksversammlung wichtige Rechte.

Wildbeutertum: siehe S. 29

Orte erkunden

Ausgrabung (S. 20 f.)

1. Schritt: Suchen und Finden
Zunächst muss die Fundstelle festgestellt und beschrieben werden. Häufig geben Zufallsfunde beim Haus- oder Straßenbau erste Hinweise. Eine Ausgrabung wird dann systematisch vorbereitet (Personal, Werkzeuge usw.).
2. Schritt: Graben
Die Durchführung der Ausgrabung muss sehr vorsichtig erfolgen: Grabungsgelände vermessen, Schicht für Schicht des Bodens abtragen, vermessen, fotografieren, genaue Lage von Gegenständen eintragen (Grabungstagebuch, Fundprotokoll führen).
3. Schritt: Auswerten
Beschreiben, Datieren, Funktion der Funde klären; eventuell Biologen, Geologen, Kunsthistoriker heranziehen.
4. Schritt: Bewahren, Ausstellen
Funde reinigen, restaurieren, ergänzen; für Besichtigung (Ausstellung) vorbereiten.

Informationen beschaffen

Eine Bibliothek benutzen (S. 32 f.)

1. Schritt: Besuch vorbereiten
Erkundigt euch nach den Öffnungszeiten. Fragt nach Leseausweis und Leihgebühr.
2. Schritt: Titel suchen
Alle Bücher einer Bibliothek sind in einem „Katalog" verzeichnet. Der Katalog ist entweder in einem Schubladenschrank untergebracht oder über einen Computer zugänglich. Erkundigt euch bei eurem ersten Besuch, wie man die Kataloge benutzt. Der Katalog enthält Titel und Signatur (Buchstaben/Zahlenkombination), die nötig sind, um die Bücher im Regal zu finden. Häufig gibt es einen Extrakatalog für CD's, Videos und Kassetten.
3. Schritt: Verschiedene Kataloge benutzen
Es gibt immer einen Autoren- und einen Schlagwortkatalog. Der Autorenkatalog hilft, wenn euch der Autor des Buches oder der CD bekannt ist. Der Schlagwortkatalog erleichtert den Einstieg in ein Thema, z. B. Steinzeit, Ritter, Hexen. Wenn ihr die gewünschten Bücher oder anderen Medien im Katalog gefunden habt, notiert euch die Signaturen.
4. Schritt: Buch ausleihen
Entnehmt die Bücher oder andere Medien dem Regal, wo ihr häufig weitere Bücher/Medien zum selben Thema findet.
Tipp: Informationen festhalten
Bücher und andere Medien müsst ihr nach einer bestimmten Zeit zurückgeben. Notizen aus den Büchern, Fotokopien, Skizzen usw. solltet ihr deshalb nach Stichwörtern ordnen und z. B. in einem Hefter oder auf Karteikarten sammeln.

Sich mit anderen auseinandersetzen

Ein Rollenspiel organisieren (S. 38 f.)

1. Schritt: Die Ausgangslage auf eine Situationskarte schreiben
Auf der Situationskarte wird festgehalten, welche Situation nachgespielt werden soll. Die Ausgangssituation wird kurz beschrieben. Welche Personen sind an dem Spiel beteiligt? Welche Probleme gibt es?
2. Schritt: Rollen verteilen
Auf den Rollenkarten werden die spielenden Personen beschrieben: Beruf, Eigenschaften, Verhalten und ihre Ziele. Diejenigen, die eine Rolle übernehmen, müssen sich an die Vorgaben ihrer Rollenkarten halten. Sie dürfen aber auch eigene Vorstellungen von der darzustellenden Person einbringen, sofern sie den Vorgaben nicht widersprechen.
3. Schritt: Spiel vorbereiten
Die Spielerinnen und Spieler hängen sich ein Schild mit ihrer Rollenkennzeichnung um. Sie besprechen die Situation (Situationskarte) und die Rollen (Rollenkarten) untereinander.
4. Schritt: Spiel beobachten und auswerten
Sinnvoll ist der Einsatz von Spielbeobachtern, die sich während des Spiels Notizen zu den einzelnen Rollen machen. Sie sollen das Spiel bewerten und ihre Meinung begründen. Wurden die Rollen glaubhaft gespielt? Welche Argumente wurden genannt? Passten sie in die Situation und die Zeit? Was war gut, was könnte verbessert werden?

Texte, Bilder, Karten, Kunstwerke untersuchen

Entschlüsselung eines Bildes (S. 56 f.)

1. Schritt: Die Einzelheiten des Bildes erfassen
Beschreibe die Einzelheiten des Bildes, indem du folgende Fragen beantwortest:
- Welche Personen sind dargestellt?
- Wie sind sie gekleidet?
- Welche weiteren Gegenstände oder Tiere sind zu sehen?
- Wo befinden sich die Personen und Gegenstände?

2. Schritt: Die Zusammenhänge erklären
Überlege, in welcher Beziehung die abgebildeten Personen, Tiere oder Gegenstände zueinander stehen. Findest du Merkmale, die auf bestimmte Eigenschaften, Beruf, gesellschaftliche Stellung der dargestellten Personen hinweisen?

3. Schritt: Zusätzliche Informationen über das Bild heranziehen
In der Bildlegende findest du wichtige Hinweise. Sie gibt dir Auskunft darüber, wer wann, für wen, warum ein Bild gemalt hat. Manchmal hat das Bild auch einen Titel. Weitere Fragen lassen sich oft durch eine zusätzliche Textquelle klären.

Auswertung einer Geschichtskarte (S. 80 f.)

1. Schritt: Das Thema einer Karte ermitteln
In der Regel haben Karten eine Überschrift, die das Thema der Karte angibt. Die Überschrift enthält fast immer eine Angabe über den dargestellten Zeitpunkt oder Zeitraum. Manche Karten zeigen zum Beispiel, wie die Landschaft ausgesehen hat, andere geben Auskunft über Städtegründungen, die Landwirtschaft oder die Bevölkerung eines Gebietes.
Wenn du dich über das Thema und die Zeitangabe orientiert hast, stellst du eine Frage, die du mit der Karte beantworten möchtest. Zum Beispiel: Wie haben die Griechen in dieser Landschaft gelebt?

2. Schritt: Die Kartenlegende erschließen
In der Kartenlegende werden alle Farben, Schattierungen und Zeichen erklärt, die auf der Karte zu sehen sind. Kartenlegenden sind nicht immer gleich ausführlich. Einige erklären sämtliche Kartenelemente, andere nur die Besonderheiten der gerade abgebildeten Karte.

3. Schritt: Den Maßstab feststellen
Wichtig für den Umgang mit Karten ist eine genaue Vorstellung von den dargestellten Entfernungen. Hier hilft die Maßstabsleiste weiter. Mit diesem Kartenelement kannst du zum Beispiel ermitteln, wie groß die Entfernung zwischen zwei Städten ist. Bei Geschichtskarten ist der Maßstab oft in Form einer Entfernungsleiste mit Kilometerangaben dargestellt.

4. Schritt: Die Aussagen der Karte zusammenfassen
Beschreibe die Zeichen und die Farbgebung der Karte. Damit erhältst du eine Vorstellung von den Bedingungen in dem abgebildeten Gebiet.
Überlege, wie die Geschichtskarte deine Frage aus dem 1. Schritt beantwortet. In unserem Beispiel kannst du Aussagen über die Wohnmöglichkeiten und Verkehrsverbindungen in Griechenland machen.

5. Schritt: Weitere Informationen beschaffen
Am Ende der Kartenarbeit solltest du kritisch prüfen, ob deine Frage ausreichend beantwortet ist. Um beispielsweise genaueres Wissen über das Leben in der griechischen Landschaft zu erhalten kannst du dich in Reiseführern aus deiner Stadtbibliothek und im Internet informieren.

Entschlüsselung eines Kunstwerkes (S. 100 f.)

1. Schritt: Künstlerische Auswertung

a) Was ist dargestellt? Aus welchem Material wurde es geschaffen?

b) Wie wirkt das Dargestellte auf mich? Warum gefällt es mir (nicht)? Was wirkt fremd, was kommt mir bekannt vor?

c) Wie bildet der Künstler die Natur ab? Achte auf Einzelheiten des menschlichen Körpers und der abgebildeten Gegenstände.

2. Schritt: Historische Auswertung

d) Wann, wo und für welchen Zweck ist das Kunstwerk entstanden? Beachte die Bildlegende.

e) Welche Informationen vermittelt das Dargestellte über den Allltag, die Wirtschaft oder die Politik der damaligen Zeit? Beachte die Kleidung, Frisur, Einrichtungsgegenstände, Waffen, Tiere usw.

f) In welcher Beziehung stehen die dargestellten Personen zueinander?

Schriftliche Quellen entschlüsseln (S. 121)

1. Schritt: Aufbau und Inhalt des Textes

a) Wovon berichtet der Text? Stelle „W-Fragen“: Wer? Wo? Wann? Was? Wie? Warum? An wen?

b) Gibt es unbekannte Wörter? Schlage im Lexikon nach.

c) Wie ist der Text gegliedert? Finde Überschriften für die einzelnen Abschnitte.

2. Schritt: Verfasser/Verfasserin

d) Welche Informationen besitzen wir über die Verfasserin oder den Verfasser?

e) Hat der Verfasser selbst erlebt, was er aufgeschrieben hat, oder hat er das Geschilderte später erfahren?

f) Wird erkennbar, welche Einstellung der Verfasser zum Geschehen und zu den dargestellten Personen hat?

g) Ergreift der Verfasser Partei für bestimmte Personen?

h) Welche Absicht verfolgte der Verfasser mit dem Text? Wollte er zum Beispiel etwas bewusst für die Nachwelt festhalten?

Die mit * versehenen Begriffe werden im Lexikon erklärt.

akg-images: S. 11, 15, 31, 61/M5, 76 o., 96, 100/M2, 114/M3, 124, 131/M4, 132; Anthony Verlag: S. 79; Archivio e Servicio Fotografico dei Musei Vaticani: S. 98/M5; Archaeological Receipts Fund, Athen: S. 100/M1; Artothek: S. 10/M1; Ashmolean Museum, Oxford: S. 112/M5; Bavaria: S. 69; Besitzer: Berlin, Stadtmuseum Berlin, Fotografie: Stadtmuseum Berlin, Christel Lehmann: S. 130/M2; Bildagentur Mauritius: S. 116/M2; Bildarchiv Foto Marburg: S. 70; © Bildarchiv Preußischer Kulturbesitz: S. 4, 14, 19, 46/47, 50, 55/M3, 57, 64/M5, 65, 77 u., 85/M1, 87, 94, 101/M3, 108, 112/M7, M8, 113/M9, 117/M3, 122, 130/M1; Bilderberg, Hamburg: S. 25/M1 1-4; Bridgeman Giraudon: S. 84/M5, 102/M1; © S. Carmona/CORBIS: S. 99; Christoph & Friends, Das Fotoarchiv, Foto: M. Maetzel: S. 22; Burda Verlag, Offenburg: S. 23; Corel Library: S. 25/M1 u., 82/M2; aus: Das waren Zeiten, Buchner: S. 86/M4; Deutsches Archäologisches Institut Athen: S. 82/M1; Deutsches Technikmuseum, Berlin: S. 42/M1; aus: Die Zeit 15/1996: S. 62/63; dpa: S. 76/77; FOCUS/John Reader/Science Photo Library: S. 8/9, 89 (Urs F. Kluyve); Foto: H. R. Goette: S. 105; Hirmer Verlag: S. 5, 83, 91, 101/M4, 114/M1; IFA-Bilderteam: S. 32/M2; Fred Ihrt/Stern: S. 49/M4; Institut für Ur- und Frühgeschichte der Universität Köln, Neuwied: S. 131/M6; Institut für Ur- und Frühgeschichte, Tübingen: S. 20/M2; Interfoto: S. 37/M8; Christine Keitz, Berlin: S. 12/M2; Kontar: S. 9 o.; Länderpress Düsseldorf: S. 47; Landesmuseum für Vorgeschichte, Dresden: S. 40/M2; Landesmuseum Mainz: S. 16/M1; Landschaftsverband Rheinland/Rheinisches Landesmuseum Bonn: S. 131/M3; Kevin Maddison: S. 127/M6; Dietrich Mania, Jena: S. 28/M6; Metropolitan Museum of Arts, N. Y.: S. 98/M7, 111/M4; Neanderthal-Museum Mettmann: S. 19/M2; Niedersächsisches Landesmuseum Hannover: S. 131/M5; Österreichische Nationalbibliothek, Wien: S. 13/M3; Pelizaeus-Museum, Hildesheim: S. 51/M3; Photo Archive Jürgen Liepe: S. 52, 54, 55 o.; © Photo RMN – Hervé Lewandowski: S. 67, 84/M6; picture-alliance/akg-images: S. 73/M4; picture-alliance/dpa – © ZB-Fotoreport: S. 42/M2; Picture Press: S. 58/M1; aus: Praxis Geschichte, 4/1995: S. 66; © Jose F. Raga/CORBIS: S. 125; Scala Archives, Florenz: S. 116/M1; Thomas Schulz, Berlin: S. 109; Severin Stille, Frankfurt a. M.: S. 10/M2; A. G. Shedid, München: S. 51/M4, 56, 60/61/M4; Olga Soffer, University of Illinois: S. 29/M7; Staatliche Antikensammlungen und Glyptothek München, Aufnahme Christa Koppermann: S. 85/M2; © Stadt Dortmund: S. 13/M5; Stadtmuseum Erfurt: S. 30; M. Storck, Stuttgart: S. 59/ u. r.; Studio X, Images de Presse: S. 63/M3; Michael Teßmer, Hamburg: S. 36; The British Musum, London: S. 3, 20/M1, 113/M12; Thüringer Landesamt für Archäologische Denkmalpflege Weimar: S. 12/M1; Time-Life, Amsterdam: S. 102/M2; United Colors of Benetton, Foto: Todd Eberle: S. 24; Westfälisches Museum für Archäologie, Münster: S. 21; © Roger Wood/CORBIS: Umschlagbild; Württembergisches Landesmuseum Stuttgart: S. 9 M.

Nicht in allen Fällen war es uns möglich, die Rechteinhaber der Abbildungen ausfindig zu machen. Für eventuell entstandene Fehler oder Auslassungen bitten wir um Verständnis. Berechtigte Ansprüche werden selbstverständlich im Rahmen der üblichen Vereinbarungen abgegolten.

Amphore (Aufbewahrungsgefäß). Die Tonvase wurde 894 v. Chr. in einer Athener Werkstatt hergestellt.

Was sagen Kunstwerke aus?

Arbeitsschritte **Entschlüsselung eines Kunstwerkes**

1. Schritt: Künstlerische Auswertung

a) Was ist dargestellt? Aus welchem Material wurde es geschaffen?

b) Wie wirkt das Dargestellte auf mich? Warum gefällt es mir (nicht)? Was wirkt fremd, was kommt mir bekannt vor?

c) Wie bildet der Künstler die Natur ab? Achte auf Einzelheiten des menschlichen Körpers und der abgebildeten Gegenstände.

2. Schritt: Historische Auswertung

d) Wann, wo und für welchen Zweck ist das Kunstwerk entstanden? Beachte die Bildlegende.

e) Welche Informationen vermittelt das Dargestellte über den Allltag, die Wirtschaft oder die Politik der damaligen Zeit? Beachte die Kleidung, Frisur, Einrichtungsgegenstände, Waffen, Tiere usw.

f) In welcher Beziehung stehen die dargestellten Personen zueinander?

Pharao Tutanchamun. Ausschnitt aus seinem goldenen Sarkophag, um 1330 v. Chr. Als Herrschaftszeichen trägt er den Krummstab und die Geißel wie der Gott Osiris.